विश्व विख्यात व्यक्तित्व

विश्व विख्यात व्यक्तित्व

विश्व विख्यात व्यक्तित्व

सुभाष चन्द्र शर्मा

साक्षी तिवारी

दी रीडर्स पैराडाइज़

नई दिल्ली–110002

विश्व विख्यात व्यक्तित्व

ISBN - 978-93-82110-32-3

प्रकाशक

दी रीडर्स पैराडाइज़

103, 4787/23, अन्सारी रोड,

दरियागंज, नई दिल्ली–110002

फोन : 011-23246222, 23246333

मोबाइल : 09811197091, 9312220441

इ–मेल : thereadersparadisesales@gmail.com

friendspublicationsindia@gmail.com

मुद्रक :

बालाजी ऑफसेट, दिल्ली

प्रस्तावना

देश के निर्माण में लेखक कलाकार इतिहासकार संगीतकार, वैज्ञानिक, समाज सेवी राजनेता आदि की महत्वपूर्ण भूमिका होती है। अनेकों ऐसे जाने माने लोगों की आत्मकथा पढ़कर हम में एक ऊर्जा प्रवाहित होने लगती है। ये विश्व विख्यात व्यक्ति असाधारण व्यक्तित्व रखते हैं। इस पुस्तक के माध्यम से पाठकों को कुछ जाने माने लोगों के जीवन से संक्षिप्त परिचय हो सकता है ताकि पाठकों को उससे प्रेरणा मिल सके।

आजादी से पूर्व महात्मा गांधी जी ने लोगों को सही रास्ता दिखाया जिस पर लोग आज भी आचरण करना चाहते है – अंहिसा का रास्ता। भारतीय साहित्य में रवीन्द्रनाथ टैगोर, फिल्म जगत में सत्यजीत रे, अमिताभ बच्चन, लता मंगेश्कर का विशेष योगदान रहा है। यह पुस्तक जनरुचि और समय की माँग के अनुरुप लिखी गई है।

विश्व विख्यात व्यक्तित्व जैसी पुस्तकों का अभाव सा दिखायी पड़ता है क्योंकि प्राय: ऐसी पुस्तकें अंग्रेजी में ही लिखी और पढ़ी जाती रही हैं। इस कारण आबादी का बहुमत भाग इस प्रकार की पुस्तकें पढ़ने से वंचित रह जाता है। इस पुस्तक को हिन्दी में लिखकर लेखक ने जन–जन तक पहुचानें का प्रयास किया है।

पुस्तक का लेखक विशेषज्ञो द्धारा भी परखा गया है। यथा सम्भव प्रयास किया गया है कि पुस्तक में कही कोई गलती न रह गयी हो फिर भी यदि कोई त्रुटियाँ रह गयी हो तो अपने सुझाव सहित उससे अवगत अवश्य कराएँ।

सुभाष चन्द शर्मा

विषय–सूची

1

कुँवर नारायण
Kanwar Narain

कुँवर नारायण

कुँवर नारायण का जन्म 19 सितंबर, 1927 को हुआ। कुंवर नारायण के रचना संसार को कोई एक नाम देना सम्भव नहीं। उन्होंने कहानी, लेख और समीक्षाओं के साथ–साथ सिनेमा, रंगमंच एवं अन्य कलाओं पर भी बखूबी लेखनी चलायी है। उनकी कविताओं–कहानियों का कई भारतीय तथा विदेशी भाषाओं में अनुवाद भी हो चुका है।

जीवन–परिचय

उन्होंने इंटर तक की पढ़ाई विज्ञान विषय से की लेकिन आगे चल कर वे साहित्य के विद्यार्थी बने और 1951 में लखनऊ विश्वविद्यालय से अंग्रेज़ी साहित्य में एम.ए. किया। वे उत्तर प्रदेश के संगीत नाटक अकादेमी के 1956 से 1979 तक उप पीठाध्यक्ष रहे और 1975 से 1978 तक अज्ञेय द्वारा संपादित मासिक पत्रिका **नया प्रतीक** के संपादक मंडल के सदस्य भी रहे।

साहित्य यात्रा

वर्ष 1956 में उनका प्रथम काव्य संग्रह **'चक्रव्यूह'** नाम से प्रकाशित हुआ। अज्ञेय जी ने वर्ष 1959 में उनकी कविताओं को केदारनाथ सिंह, सर्वेश्वर

दयाल सक्सेना और विजयदेव नारायण साही के साथ 'तीसरा सप्तक' में शामिल किया। यहाँ से उन्हें काफी प्रसिद्धि मिली। 1965 में 'आत्मजयी' जैसे प्रबंध काव्य के प्रकाशन के साथ ही कुंवर नारायण ने असीम संभावनाओं वाले कवि के रूप में पहचान बना ली। 'आकारों के आसपास' (कहानी संग्रह–1971), 'परिवेश में हम–तुम', 'अपने सामने', 'कोई दूसरा नहीं', 'इन दिनों', 'आज और आज से पहले' (समीक्षा), 'मेरे साक्षात्कार' और हाल ही में प्रकाशित 'वाजश्रवा के बहाने' सहित उनकी तमाम कृतियाँ आईं।

पुरस्कार

2009 में कुँवर नारायण को वर्ष 2005 के **ज्ञानपीठ पुरस्कार** से सम्मानित किया गया। छह अक्टूबर को राष्ट्रपति प्रतिभा पाटिल ने उन्हें देश के सबसे बड़े साहित्यिक सम्मान से सम्मानित किया। ज्ञानपीठ के अलावा कुँवर नारायण को साहित्य अकादेमी पुरस्कार, व्यास सम्मान, कुमार आशान पुरस्कार, प्रेमचंद पुरस्कार, राष्ट्रीय कबीर सम्मान, शलाका सम्मान, मेडल ऑफ वॉरसा यूनिवर्सिटी, पोलैंड और रोम के अन्तर्राष्ट्रीय प्रीमियो फेरेनिया सम्मान और 2009 में **पद्मभूषण सम्मान** से सम्मानित किया गया।

2

रबीन्द्रनाथ ठाकुर

Rabindernath Thakur

रबीन्द्रनाथ ठाकुर

रवीन्द्रनाथ ठाकुर (7 मई, 1861, 7 अगस्त, 1941) को गुरुदेव के नाम से भी जाना जाता है। वे विश्वविख्यात कवि, साहित्यकार, दार्शनिक थे। वे एकमात्र कवि हैं जिसकी दो रचनाएँ दो देशों का राष्ट्रगान बनीं – भारत का राष्ट्रगान–जन–गण मन और बाँग्लादेश का राष्ट्रीय गान आमार सोनार बाँग्ला गुरुदेव की ही रचनाएँ हैं।

जीवन-परिचय

रवीन्द्रनाथ ठाकुर का जन्म देवेन्द्रनाथ टैगोर और शारदा देवी के सन्तान के रूप में 7 मई, 1861 को कोलकाता के जोड़ासाँको ठाकुरबाड़ी में हुआ। उनकी स्कूल की पढ़ाई प्रतिष्ठित सेंट जेवियर स्कूल में हुई। उन्होंने बैरिस्टर बनने की चाहत में 1878 में इंग्लैंड के ब्रिजटोन पब्लिक स्कूल में नाम दर्ज कराया। उन्होंने लन्दन विश्वविद्यालय में कानून का अध्ययन किया लेकिन 1880 में बिना डिग्री हासिल किए ही स्वदेश वापस आ गए। सन् 1883 में मृणालिनी देवी के साथ उनका विवाह हुआ।

कृतियाँ

बचपन से ही उनकी कविता, छन्द और भाषा में अद्भुत प्रतिभा का आभास लोगों को मिलने लगा था। पहली कविता आठ साल की उम्र में लिखी थी और 1877 में केवल सोलह साल की उम्र में उनकी लघुकथा प्रकाशित हुई।

कविता, गान, कथा, उपन्यास, नाटक, प्रबन्ध, शिल्पकला – सभी विधाओं में उन्होंने रचना की। उनकी प्रकाशित कृतियों में – गीतांजली, गीताली, गीतिमाल्य, कथा ओ कहानी, शिशु, शिशु भोलानाथ, कणिका, क्षणिका, खेया आदि प्रमुख हैं। उन्होंने कुछ पुस्तकों का अंग्रेजी में अनुवाद भी किया।

शान्तिनिकेतन

टैगोर को बचपन से ही प्रकृति का सान्निध्य बहुत भाता था। वह हमेशा सोचा करते थे कि प्रकृति के सानिध्य में ही विद्यार्थियों को अध्ययन करना चाहिए। अतः पेड़ों, बगीचों और एक लाइब्रेरी के साथ टैगोर ने **'शान्तिनिकेतन'** की स्थापना की।

जीवन के अन्तिम समय 7 अगस्त, 1941 के कुछ समय पहले इलाज के लिए जब उन्हें शान्तिनिकेतन से कोलकाता ले जाया जा रहा था तो उनकी नातिन ने कहा कि आपको मालूम है हमारे यहाँ नया पावर हाउस बन रहा है। इसके जवाब में उन्होंने कहा कि हाँ पुराना आलोक चला जाएगा नए का आगमन होगा।

सम्मान

उनकी काव्यरचना **'गीतांजलि'** के लिये उन्हें सन् 1913 में साहित्य का नोबेल पुरस्कार मिला।

3

मुंशी प्रेमचन्द
Munshi Premchand

मुंशी प्रेमचन्द

प्रेमचन्द हिन्दी साहित्य के वह ध्रुव तारे हैं जिन्होंने अपनी कहानियों में ना सिर्फ ड्रामे को जगह दी बल्कि अपनी कहानियों से उन्होंने आम इंसान की छवि को दर्शाने की कोशिश की। मुंशी प्रेमचंद सच्चे साहित्यकार ही नहीं थे अपितु वे एक दार्शनिक भी थे। उन्होंने अपनी लेखनी से समाज के प्रत्येक वर्ग के व्यक्ति के साथ घटी हुई घटनाओं के सच्चे दर्शन करवाए थे। मुंशी प्रेमचंद ने किसानों, दलितों, महिलाओं आदि की दशाओं पर गहन अध्ययन करते हुए अपनी सोच को लेखनी के माध्यम से समाज के समक्ष प्रस्तुत किया और इतना ही नहीं प्रेमचन्द की कहानियों में देशभक्ति की भी खुशबू आती है।

प्रेमचंद के जन्म (31 जुलाई, 1880) के समय भारत की जो राजनीतिक, सामाजिक, आर्थिक, धार्मिक और सांस्कृतिक परिस्थिति थी तथा ब्रिटिश शासन एवं साम्राज्यवाद का जो इतिहास था, उसमें प्रेमचंद का एक देशभक्त, राष्ट्रप्रेमी तथा राष्ट्र के प्रति समर्पित साहित्यकार के रूप में उभर कर आना अत्यन्त स्वाभाविक था। प्रेमचंद की पहली रचना उर्दू लेख 'ओलिवर क्रामवेल' बनारस के उर्दू साप्ताहिक 'आवाज–ए–खल्क' में 1 मई, 1903 में छपी जब वे 23 वर्ष के थे। उसके बाद उनके उर्दू उपन्यास 'असरारे मआविद', 'रूठी

रानी', 'किशना' तथा हिन्दी उपन्यास 'प्रेमा' प्रकाशित हुए। 'सोजेवतन' की देश–प्रेम की कहानियों को ब्रिटिश सरकार ने 'राजद्रोहात्मक' माना और उसे जब्त करके बची प्रतियों को जलवा दिया। प्रेमचंद को 'प्रेमचंद' बनाने में इसी घटना का योगदान था।

हिन्दी साहित्य के इतिहास में उपन्यास सम्राट के रूप में अपनी पहचान बना चुके प्रेमचंद का वास्तविक नाम धनपत राय श्रीवास्तव था। एक लेखक के रूप में प्रेमचन्द जो भी लिखते थे उसमें से ज्यादातर घटनाएं उनके जीवन में ही घट चुकी थी। बचपन में ही माँ की मृत्यु, फिर सौतेली माँ का सौतेला व्यवहार। उसके बाद छोटी उम्र में शादी फिर तलाक। तलाक के बाद पश्चाताप के लिए एक विधवा से शादी। ऐसे ना जाने कितनी घटनाओं ने प्रेमचन्द्र का जीवन बदल कर रख दिया और उनके अंतर्मन को लिखने की शक्ति दी। प्रेमचंद का जन्म 31 जुलाई, 1880 को वाराणसी से लगभग चार मील दूर लमही नामक ग्राम में हुआ था। इनका संबंध एक गरीब कायस्थ परिवार से था। इनके पिता अजायब राय श्रीवास्तव डाकमुंशी के रूप में कार्य करते थे। प्रेमचंद ने अपना बचपन असामान्य और नकारात्मक परिस्थितियों में बिताया।

अपना पहला विवाह असफल होने और उसके बाद अपनी पूर्व पत्नी की दयनीय दशा देखते हुए, प्रेमचंद ने यह निश्चय कर लिया था कि वह किसी विधवा से ही विवाह करेंगे। पश्चाताप करने के उद्देश्य से उन्होंने सन् 1905 के अंतिम दिनों में शिवरानी देवी नामक एक बाल–विधवा से विवाह रचा लिया। गरीबी और तंगहाली के हालातों में जैसे–तैसे प्रेमचंद ने मैट्रिक की परीक्षा पास की। जीवन के आरंभ में ही इनको गाँव से दूर वाराणसी पढ़ने के लिए नंगे पांव जाना पड़ता था। इसी बीच उनके पिता का देहांत हो गया। प्रेमचंद वकील बनना चाहते थे लेकिन गरीबी ने उन्हें तोड़ दिया। उन्होंने इलाहाबाद विश्वविद्यालय से अंग्रेज़ी साहित्य, पर्सियन और इतिहास विषयों से स्नातक की उपाधि द्वितीय श्रेणी में प्राप्त की थी।

प्रेमचंद के उपन्यासों और कहानियों में देश–प्रेम की यह स्थिति प्रचुर मात्रा में दिखायी देती है। गाँधी की प्रेरणा से सरकारी नौकरी से इस्तीफा देने के बाद प्रकाशित उनके 'प्रेमाश्रम', 'रंगभूमि', 'कर्मभूमि' आदि उपन्यासों में

गांधी के हृदय–परिवर्तन, सत्याग्रह, ट्रस्टीशिप, स्वदेशी, सविनय अवज्ञा, राम–राज्य, औद्योगीकरण का विरोध तथा कृषि जीवन की रक्षा, ग्रामोत्थान एवं अछूतोद्धार, अहिंसक आन्दोलन, हिन्दू–मुस्लिम एकता, किसानों–मजदूरों के अधिकारों की रक्षा आदि का विभिन्न कथा–प्रसंगों तथा पात्रों के संघर्ष में चित्रण हुआ है।

रचनाऐं

उपन्यासः वरदान, प्रतिज्ञा, सेवा–सदन, प्रेमाश्रम, निर्मला, रंगभूमि, कायाकल्प, गबन, कर्मभूमि, गोदान, मनोरमा, मंगल–सूत्र (अपूर्ण)।

कहानीः प्रेमचंद ने कई कहानियां लिखी हैं। उनके 21 कहानी संग्रह प्रकाशित हुए थे जिनमें 300 के लगभग कहानियाँ हैं। ये शोजे–वतन, सप्त सरोज, नमक का दारोगा, प्रेम पचीसी, प्रेम प्रसून, प्रेम द्वादशी, प्रेम प्रतिमा, प्रेम तिथि, पञ्च फूल, प्रेम प्रतिज्ञा, सप्त सुमन, प्रेम पंचमी, प्रेरणा, समर यात्रा, नवजीवन, ईदगाह इत्यादि नामों से प्रकाशित हुई थी।

प्रेमचंद की लगभग सभी कहानियों का संग्रह वर्तमान में 'मानसरोवर' नाम से आठ भागों में प्रकाशित किया गया है।

नाटकः संग्राम, कर्बला एवं प्रेम की वेदी।

08 अक्टूबर, 1936 को 56 साल की उम्र में उनका निधन हो गया। हिन्दी के इस महान साहित्यकार के बराबर ना आज तक कोई कथाकार हुआ है और ना ही निकट भविष्य में इसकी संभावना है।

4

जावेद अख्तर

Javed Akhtar

जावेद अख्तर

जावेद अख्तर का नाम देश में बहुत ही जाना–पहचाना नाम हैं। जावेद अख्तर शायर, फिल्मों के गीतकार और पटकथा लेखक तो हैं ही, सामाजिक कार्यकर्त्ता के रूप में भी एक प्रसिद्ध हस्ती हैं। इनका जन्म 17 जनवरी, 1945 को ग्वालियर में हुआ था। वह एक ऐसे परिवार के सदस्य हैं जिसके जिक्र के बिना उर्दू साहित्य का इतिहास अधूरा रह जायगा।

पिता जान निसार अखतर प्रसिद्ध प्रगतिशील कवि और माता सफिया अखतर मशहूर उर्दू लेखिका तथा शिक्षिका थीं। कुछ दिन भोपाल में अपनी सौतेली माँ के घर रहने के बाद भोपाल शहर में उनका जीवन दोस्तों के भरोसे हो गया। यहीं कॉलेज की पढाई पूरी की, और जिन्दगी के नए सबक भी सीखे।

जावेद साहब ने दो विवाह किये हैं। उन की पहली पत्नी से दो बच्चे हैं– फरहान अखतर और जोया अख्तर। फरहान पेशे से फिल्म प्रोड्यूसर, निर्देशक, अभिनेता, गायक हैं। जोया निर्देशक के रुप में अपने कैरियर की शुरुआत कर चुकी हैं। अपनी पहली पत्नी से तलाक लेकर उन्होंने दूसरी शादी फिल्म अभिनेत्री शबाना आज़मी से की।

पुरस्कार

सर्वश्रेष्ठ गीतकार पाँच बार के लिए राष्ट्रीय पुरस्कार. इनमें से तीन उनमें से एक अभूतपूर्व पंक्ति में थे।

कविता संग्रह 'लावा' के लिए 2013 का **साहित्य अकादेमी** पुरस्कार।

सर्वश्रेष्ठ पटकथा, सर्वश्रेष्ठ गीतकार के रूप में सोलह बार **'फिल्म फेयर अवार्ड।**

सर्वश्रेष्ठ गीतकार के रूप में **'स्क्रीन अवार्ड'**।

सर्वश्रेष्ठ गीतकार के रूप में पांच बार **'जी'** पुरस्कार।

सर्वश्रेष्ठ गीतकार के रूप में तीन बार **'आईफा पुरस्कार'**।

'सैंसुई दर्शकों की पसंद' के रूप में चार बार पुरस्कृत और अनगिनत अन्य।

1. अपने क्षेत्र और समाज के लिए विशिष्ट योगदान के क्षेत्र में उत्कृष्टता के लिए जावेद साहब को भारत सरकार द्वारा **'पद्मभूषण'** दिया गया।
2. 2000 में उत्तर प्रदेश सरकार से **'अवध रत्न'**।
3. अखिल भारतीय आतंकवाद विरोधी संघ 2001 से **'राष्ट्रीय एकता पुरस्कार'**।
4. मेवाड़ फाउंडेशन 2001 से **'राष्ट्रीय एकता पुरस्कार'**।
5. राष्ट्रीय एकता के लिए **'इंदिरा गांधी पुरस्कार'**, 2006।
6. अनगिनत अन्य पुरस्कारों के बीच भोपाल 2002 के मेयर द्वारा **'नागरिक सम्मान'**।

5

फणीश्वर नाथ रेणु
Fanishwar Nath Renu

फणीश्वर नाथ रेणु

फणीश्वर नाथ रेणु (4 मार्च 1921, औराही हिंगना, फॉरबिसगंज – 11 अप्रैल, 1977) हिन्दी भाषा के साहित्यकार थे। इनके पहले उपन्यास **मैला आंचल** को बहुत ख्याति मिली थी जिसके लिए उन्हें पद्मश्री पुरस्कार से सम्मानित किया गया था।

जीवन-परिचय

प्रारंभिक शिक्षा फॉरबिसगंज तथा अररिया में पूरी करने के बाद रेणु ने मैट्रिक नेपाल के विराटनगर के आदर्श विद्यालय से कोईराला परिवार में रहकर की। इन्होंने इन्टरमीडिएट काशी हिन्दू विश्वविद्यालय से 1942 में की जिसके बाद वे स्वतंत्रता संग्राम में कूद पड़े। बाद में 1950 में उन्होने नेपाली क्रांतिकारी आन्दोलन में भी हिस्सा लिया जिसके परिणामस्वरुप नेपाल में जनतंत्र की स्थापना हुई। 1952–53 के समय वे भीषण रूप से रोगग्रस्त रहे थे जिसके बाद लेखन की ओर उनका झुकाव हुआ। उनके इस काल की झलक उनकी कहानी **तबे एकला चलो रे** में मिलती है। उन्होने हिन्दी में आंचलिक कथा की नींव रखी। सच्चिदानन्द हीरानन्द वात्स्यायन अज्ञेय, एक समकालीन कवि, उनके परम मित्र थे। इनकी कई रचनाओं में कटिहार के रेलवे स्टेशन का उल्लेख मिलता है।

लेखन–शैली

इनकी लेखन–शैली वर्णणात्मक थी जिसमें पात्र के प्रत्येक मनोवैज्ञानिक सोच का विवरण लुभावने तरीके से किया होता था। पात्रों का चरित्र–निर्माण काफी तेजी से होता था क्योंकि पात्र एक सामान्य–सरल मानव मन (प्रायः) के अतिरिक्त और कुछ नहीं होता था। इनकी लगभग हर कहानी में पात्रों की सोच घटनाओं से प्रधान होती थी। एक आदिम रात्रि की महक इसका एक सुंदर उदाहरण है।

रेणु ने कहानियों और उपन्यासों में आंचलिक जीवन के हर धुन, हर गंध ा, हर लय, हर ताल, हर सुर, हर सुंदरता और हर कुरूपता को शब्दों में बांधने की सफल कोशिश की है। उनकी भाषा–शैली में एक जादुई सा असर है जो पाठकों को अपने साथ बांध कर रखता है। रेणु एक अद्भुत किस्सागो थे और उनकी रचनाएँ पढते हुए लगता है मानों कोई कहानी सुना रहा हो। ग्राम्य जीवन के लोकगीतों का उन्होंने अपने कथा साहित्य में बड़ा ही सर्जनात्मक प्रयोग किया है।

इनका लेखन प्रेमचंद की सामाजिक यथार्थवादी परंपरा को आगे बढाता है और इन्हें आजादी के बाद का प्रेमचंद की संज्ञा भी दी जाती है। अपनी कृतियों में उन्होंने आंचलिक पदों का बहुत प्रयोग किया है।

साहित्यिक कृतियाँ

रेणु को जितनी ख्याति हिंदी साहित्य में अपने उपन्यास मैला आँचल से मिली, उसकी मिसाल मिलना दुर्लभ है। इस उपन्यास के प्रकाशन ने उन्हें रातो–रात हिंदी के एक बड़े कथाकार के रूप में प्रसिद्ध कर दिया। कुछ आलोचकों ने इसे गोदान के बाद हिंदी का दूसरा सर्वश्रेष्ठ उपन्यास घोषित करने में भी देर नहीं की। हालाँकि विवाद भी कम नही खड़े किये उनकी प्रसिद्धि से जलनेवालों ने, इसे सतीनाथ भादुरी के बंगला उपन्यास धोधाई चरित मानस की नकल बताने की कोशिश की गयी। पर समय के साथ इस तरह के झूठे आरोप ठन्डे पड़ते गए।

तीसरी कसम पर इसी नाम से राजकपूर और वहीदा रहमान की मुख्य

भूमिका में प्रसिद्ध फिल्म बनी जिसे बासु भट्टाचार्य ने निर्देशित किया और सुप्रसिद्ध गीतकार शैलेन्द्र इसके निर्माता थे। यह फिल्म हिंदी सिनेमा में मील का पत्थर मानी जाती है। हीरामन और हीराबाई की इस प्रेम कथा ने प्रेम का एक अद्भुत महाकाव्यात्मक पर दुखांत कसक से भरा आख्यान रचा जो आज भी पाठकों और दर्शकों को लुभाता है।

अपने प्रथम उपन्यास मैला आंचल के लिये उन्हें पद्मश्री से सम्मानित किया गया।

6

आचार्य हजारी प्रसाद द्विवेदी
Acharya Hazari Prasad Dwivedi

आचार्य हजारी प्रसाद द्विवेदी

आधुनिक युग के मौलिक निबंधकार, उत्कृष्ट समालोचक एवं सांस्कृतिक विचारधारा के प्रमुख उपन्यासकार आचार्य हजारी प्रसाद द्विवेदी का जन्म 19 अगस्त, 1907 में बलिया जिले के दुबे–का–छपरा नामक ग्राम में हुआ था। उनका परिवार ज्योतिष विद्या के लिए प्रसिद्ध था। उनके पिता पं. अनमोल द्विवेदी संस्कृत के प्रकांड पंडित थे। द्विवेदी जी की प्रारंभिक शिक्षा गाँव के स्कूल में ही हुई और वहीं से उन्होंने मिडिल की परीक्षा पास की। इसके पश्चात् उन्होंने इंटर की परीक्षा और ज्योतिष विषय लेकर आचार्य की परीक्षा उत्तीर्ण की। शिक्षा प्राप्ति के पश्चात द्विवेदी जी शांतिन्किेतन चले गए और कई वर्षों तक वहां हिंदी विभाग में कार्य करते रहे। शांतिनिकेतन में रवींद्रनाथ ठाकुर तथा आचार्य क्षितिमोहन सेन के प्रभाव से साहित्य का गहन अध्ययन और उसकी रचना प्रारंभ की। द्विवेदी जी का व्यक्तित्व बड़ा प्रभावशाली और उनका स्वभाव बड़ा सरल और उदार था। वे हिंदी, अंग्रेज़ी, संस्कृत और बांग्ला भाषाओं के विद्वान थे। भक्तिकालीन साहित्य का उन्हें अच्छा ज्ञान था। लखनऊ विश्वविद्यालय ने उन्हें डी.लिट. की उपाधि देकर उनका विशेष सम्मान किया था।

वर्ण्य विषय

द्विवेदी जी के निबंधों के विषय भारतीय संस्कृति, इतिहास, ज्योतिष, साहित्य विविध धर्मों और संप्रदायों का विवेचन आदि है। वर्गीकरण की दृष्टि से द्विवेदी जी के निबंध दो भागों में विभाजित किए जा सकते हैं – विचारात्मक और आलोचनात्मक। विचारात्मक निबंधों की दो श्रेणियाँ हैं। प्रथम श्रेणी के निबंधों में दार्शनिक तत्वों की प्रधानता रहती है। द्वितीय श्रेणी के निबंध सामाजिक जीवन संबंधी होते हैं। आलोचनात्मक निबंध भी दो श्रेणियों में बांटें जा सकते हैं। प्रथम श्रेणी में ऐसे निबंध हैं जिनमें साहित्य के विभिन्न अंगों का शास्त्रीय दृष्टि से विवेचन किया गया है और द्वितीय श्रेणी में वे निबंध आते हैं जिनमें साहित्यकारों की कृतियों पर आलोचनात्मक दृष्टि से विचार हुआ है। द्विवेदी जी के इन निबंधों में विचारों की गहनता, निरीक्षण की नवीनता और विश्लेषण की सूक्ष्मता रहती है।

भाषा-शैली

द्विवेदी जी की भाषा परिमार्जित खड़ी बोली है। उन्होंने भाव और विषय के अनुसार भाषा का चयनित प्रयोग किया है। उनकी भाषा के दो रूप दिखलाई पड़ते हैं – (1) प्राँजल व्यावहारिक भाषा, (2) संस्कृतनिष्ठ शास्त्रीय भाषा। प्रथम रूप द्विवेदी जी के सामान्य निबंधों में मिलता है। इस प्रकार की भाषा में उर्दू और अंग्रेज़ी के शब्दों का भी समावेश हुआ है। द्वितीय शैली उपन्यासों और सैद्धांतिक आलोचना के क्रम में परिलक्षित होती है। द्विवेदी जी की विषय प्रतिपादन की शैली अध्यापकीय है। शास्त्रीय भाषा रचने के दौरान भी प्रवाह खण्डित नहीं होता।

(1) **वर्णनात्मक शैलीः** द्विवेदी जी की वर्णनात्मक शैली अत्यंत स्वाभाविक एवं रोचक है। इस शैली में हिंदी के शब्दों की प्रधानता है, साथ ही संस्कृत के तत्सम और उर्दू के प्रचलित शब्दों का भी प्रयोग हुआ है। वाक्य अपेक्षाकृत बड़े हैं।

(2) **व्यंग्यात्मक शैलीः** द्विवेदी जी के निबंधों में व्यंग्यात्मक शैली का बहुत ही सफल और सुंदर प्रयोग हुआ है। इस शैली में भाषा चलती हुई तथा उर्दू, फारसी आदि के शब्दों का प्रयोग मिलता है।

महत्वपूर्ण कार्य

द्विवेदी जी का हिंदी निबंध और आलोचनात्मक क्षेत्र में महत्वपूर्ण स्थान है। वे उच्च कोटि के निबंधकार और सफल आलोचक हैं। उन्होंने सूर, कबीर, तुलसी आदि पर जो विद्वत्तापूर्ण आलोचनाएं लिखी हैं, वे हिंदी में पहले नहीं लिखी गईं। उनका निबंध–साहित्य हिंदी की स्थाई निधि है। उनकी समस्त कृतियों पर उनके गहन विचारों और मौलिक चिंतन की छाप है। विश्व–भारती आदि के द्वारा द्विवेदी जी ने संपादन के क्षेत्र में पर्याप्त सफलता प्राप्त की है।

हजारी प्रसाद द्विवेदी को साहित्य एवं शिक्षा के क्षेत्र में सन् 1957 में पद्म भूषण से सम्मानित किया गया। आलोक पर्व (निबन्ध) रचना पर 1973 में उन्हें साहित्य अकादेमी पुरस्कार दिया गया था।

7

बंकिमचन्द्र चट्टोपाध्याय
Bankimchandra Chattopadhayay

बंकिमचन्द्र चट्टोपाध्याय

बंकिमचन्द्र चट्टोपाध्याय (1837–1894) बंगला के प्रख्यात उपन्यासकार, कवि, गद्यकार और पत्रकार थे। भारत के राष्ट्रीय गीत वन्दे मातरम् उनकी ही रचना है जो भारतीय स्वतंत्रता संग्राम के काल में क्रान्तिकारियों का प्रेरणास्रोत बन गया था। रवीन्द्रनाथ ठाकुर के पूर्ववर्ती बांग्ला साहित्यकारों में उनका अन्यतम स्थान है।

आधुनिक युग में बंगला साहित्य का उत्थान उन्नीसवीं सदी के मध्य से शुरु हुआ। इसमें राजा राममोहन राय, ईश्वर चन्द्र विद्यासागर, परिचन्द्र मित्र, माइकल मधुसुदन दत्त, बंकिम चन्द्र चट्टोपाध्याय रवीन्द्रनाथ ठाकुर ने अग्रणी भूमिका निभायी। इसके पहले बंगाल के साहित्यकार बंगला की जगह संस्कृत या अंग्रेजो में लिखना पसन्द करते थे। बंगला साहित्य में जनमानस तक पैठ बनाने वालों मे शायद बंकिम चन्द्र चट्टोपाध्याय पहले साहित्यकार थे।

जीवन-परिचय

बंकिमचन्द्र चट्टोपाध्याय का जन्म 26 जून, सन् 1838 को उत्तरी चौबीस परगना के कन्थलपाड़ा में एक परंपरागत और समृद्ध बंगाली परिवार में हुआ

था। उनकी शिक्षा हुगली कॉलेज और प्रेसीडेंसी कॉलेज में हुई। 1857 में उन्होंने बी.ए. पास किया और 1839 में कानून की डिग्री हासिल की। इसके बाद उन्होने सरकारी नौकरी कर ली और 1891 में सरकारी सेवा से रिटायर हुए। उनका निधन अप्रैल 1894 में हुआ। प्रेसीडेंसी कालेज से बी.ए. की उपाधि लेने वाले ये पहले भारतीय थे। शिक्षा समाप्ति के तुरंत बाद डिप्टी मजिस्ट्रेट पद पर इनकी नियुक्ति हो गई। कुछ काल तक बंगाल सरकार के सचिव पद पर भी रहे। रायबहादुर और सी. आई. ई. की उपाधियाँ पाईं।

रचनाएँ

बंकिमचंद्र चटर्जी की पहचान बांग्ला कवि, उपन्यासकार, लेखक और पत्रकार के रूप में है। उनकी प्रथम प्रकाशित रचना राजमोहन्स वाइफ थी। इसकी रचना अंग्रेज़ी में की गई थी। उनकी पहली प्रकाशित बांग्ला कृति दुर्गेशनंदिनी मार्च 1865 में छपी थी। यह एक रूमानी रचना है। उनकी अगली रचना का नाम कपालकुंडला (1866) है। इसे उनकी सबसे अधिक रूमानी रचनाओं में से एक माना जाता है। उन्होंने 1872 में मासिक पत्रिका बंगदर्शन का भी प्रकाशन किया। अपनी इस पत्रिका में उन्होंने विषवृक्ष (1873) उपन्यास का क्रमिक रूप से प्रकाशन किया। कृष्णकांतेर विल में चटर्जी ने अंग्रेज़ी शासकों पर तीखा व्यंग्य किया है।

आनंदमठ (1882) राजनीतिक उपन्यास है। इस उपन्यास में उत्तर बंगाल में 1773 के संन्यासी विद्रोह का वर्णन किया गया है। इस पुस्तक में देशभक्ति की भावना है। चटर्जी का अंतिम उपन्यास सीताराम (1886) है। इसमें मुस्लिम सत्ता के प्रति एक हिंदू शासक का विरोध दर्शाया गया है।

उनके अन्य उपन्यासों में दुर्गेशनंदिनी, मृणालिनी, इंदिरा, राधारानी, कृष्णकांतेर दफ्तर, देवी चौधरानी और मोचीराम गौरेर जीवनचरित शामिल है। उनकी कविताएं ललिता ओ मानस नामक संग्रह में प्रकाशित हुई। उन्होंने धर्म, सामाजिक और समसामायिक मुद्दों पर आधारित कई निबंध भी लिखे।

बंकिमचंद्र के उपन्यासों का भारत की लगभग सभी भाषाओं में अनुवाद किया गया। बांग्ला में सिर्फ बंकिम और शरतचन्द्र चट्टोपाध्याय को यह गौरव हासिल है कि उनकी रचनाएं हिन्दी सहित सभी भारतीय भाषाओं में आज भी

चाव से पढ़ी जाती है। लोकप्रियता के मामले में बंकिम और शरद, रविन्द्रनाथ टैगोर से भी आगे हैं। बंकिम बहुमुखी प्रतिभा वाले रचनाकार थे। उनके कथा साहित्य के अधिकतर पात्र शहरी मध्यम वर्ग के लोग हैं। इनके पात्र आधुनिक जीवन की त्रासदियों और प्राचीन काल की परंपराओं से जुड़ी दिक्कतों से साथ साथ जूझते हैं। यह समस्या भारत भर के किसी भी प्रांत के शहरी मध्यम वर्ग के समक्ष आती है। लिहाजा मध्यम वर्ग का पाठक बंकिम के उपन्यासों में अपनी छवि देखता है।

8

महादेवी वर्मा
Mahadevi Verma

महादेवी वर्मा

महादेवी वर्मा (26 मार्च, 1907–11 सितंबर, 1987) हिन्दी की सर्वाधिक प्रतिभावान कवयित्रियों में से हैं। वे हिन्दी साहित्य में छायावादी युग के चार प्रमुख स्तंभों में से एक मानी जाती हैं। आधुनिक हिन्दी की सबसे सशक्त कवयित्रियों में से एक होने के कारण उन्हें आधुनिक मीरा के नाम से भी जाना जाता है। कवि निराला ने उन्हें "हिन्दी के विशाल मन्दिर की सरस्वती" भी कहा है। महादेवी ने स्वतंत्रता के पहले का भारत भी देखा और उसके बाद का भी। वे उन कवियों में से एक हैं जिन्होंने व्यापक समाज में काम करते हुए भारत के भीतर विद्यमान हाहाकार, रुदन को देखा, परखा और करुण होकर अन्धकार को दूर करने वाली दृष्टि देने की कोशिश की। न केवल उनका काव्य बल्कि उनके सामाजसुधार के कार्य और महिलाओं के प्रति चेतना भावना भी इस दृष्टि से प्रभावित रहे।

उन्होंने खड़ी बोली हिन्दी की कविता में उस कोमल शब्दावली का विकास किया जो अभी तक केवल बृजभाषा में ही संभव मानी जाती थी। इसके लिए उन्होंने अपने समय के अनुकूल संस्कृत और बांग्ला के कोमल शब्दों को चुनकर हिन्दी का जामा पहनाया। संगीत की जानकार होने के

कारण उनके गीतों का नाद–सौंदर्य और पैनी उक्तियों की व्यंजना शैली अन्यत्र दुर्लभ है। उन्होंने अध्यापन से अपने कार्यजीवन की शुरूआत की और अंतिम समय तक वे प्रयाग महिला विद्यापीठ की प्रधानाचार्या बनी रहीं। उनका बाल–विवाह हुआ परंतु उन्होंने अविवाहित की भाँति जीवन–यापन किया। हिन्दी साहित्य के सभी महत्त्वपूर्ण पुरस्कार प्राप्त करने का गौरव उन्हें प्राप्त हुआ। भारत के साहित्य आकाश में महादेवी वर्मा का नाम जब तारे की भाँति प्रकाशमान है। वर्ष 2007 उनकी जन्म शताब्दी के रूप में मनाया गया।

जीवन-परिचय

महादेवी का जन्म 26 मार्च, 1907 को प्रातः 8 बजे, फर्रुखाबाद उत्तर प्रदेश, भारत में हुआ। उनके परिवार में लगभग 200 वर्षों या सात पीढ़ियों के बाद पहली बार पुत्री का जन्म हुआ था। अतः बाबा बाबू बाँके विहारी जी हर्ष से झूम उठे और इन्हें घर की देवी महादेवी मानते हुए। पुत्री का नाम महादेवी रखा। उनके पिता श्री गोविंद प्रसाद वर्मा भागलपुर के एक कॉलेज में प्राध्यापक थे। उनकी माता का नाम हेमरानी देवी था। हेमरानी देवी बड़ी धर्म परायण, कर्मनिष्ठ, भावुक एवं शाकाहारी महिला थीं। विवाह के समय अपने साथ सिंहासनासीन भगवान की मूर्ति भी लायी थीं, वे प्रतिदिन कई घंटे पूजा–पाठ तथा रामायण, गीता एवं विनय**रानी लक्ष्मीबाई का** पत्रिका का पारायण करती थीं और संगीत में भी उनकी अत्यधिक रुचि थी। महादेवी वर्मा के मानस बंधुओं में सुमित्रानंदन पंत एवं निराला का नाम लिया जा सकता है, जो उनसे जीवन पर्यन्त राखी बँधवाते रहे। निराला जी से उनकी अत्यधिक निकटता थी, उनकी पुष्ट कलाइयों में महादेवी जी लगभग चालीस वर्षों तक राखी बाँधती रहीं।

शिक्षा

महादेवी जी की शिक्षा इंदौर में मिशन स्कूल से प्रारम्भ हुई। साथ ही संस्कृत, अंग्रेज़ी, संगीत तथा चित्रकला की शिक्षा अध्यापकों द्वारा घर पर ही दी जाती रही। बीच में विवाह जैसी बाधा पड़ जाने के कारण कुछ दिन शिक्षा स्थगित रही। विवाहोपरान्त महादेवी जी ने 1919 में क्रास्थवेट कॉलेज इलाहाबाद में प्रवेश लिया और कॉलेज के छात्रावास में रहने लगीं। 1921 में महादेवी जी ने

आठवीं कक्षा में प्रान्त भर में प्रथम स्थान प्राप्त किया। यहीं पर उन्होंने अपने काव्य जीवन की शुरुआत की। वे सात वर्ष की अवस्था से ही कविता लिखने लगी थीं और 1925 तक जब उन्होंने मैट्रिक की परीक्षा उत्तीर्ण की, वे एक सफल कवयित्री के रूप में प्रसिद्ध हो चुकी थीं।

कार्यक्षेत्र

महादेवी का कार्यक्षेत्र लेखन, संपादन और अध्यापन रहा। उन्होंने इलाहाबाद में प्रयाग महिला विद्यापीठ के विकास में महत्वपूर्ण योगदान किया। यह कार्य अपने समय में महिला–शिक्षा के क्षेत्र में क्रांतिकारी कदम था। इसकी वे प्रधानाचार्य एवं कुलपति भी रहीं। इसके अतिरिक्त उनकी 18 काव्य और गद्य कृतियां हैं जिनमें मेरा परिवार, स्मृति की रेखाएं, पथ के साथी, शृंखला की कड़ियाँ और अतीत के चलचित्र प्रमुख हैं। उससे उन्हें महिला मुक्तिवादी भी कहा गया। महिलाओं व शिक्षा के विकास के कार्यों और जनसेवा के कारण उन्हें समाज–सुधारक भी कहा गया है। उनके संपूर्ण गद्य साहित्य में पीड़ा या वेदना के कहीं दर्शन नहीं होते बल्कि अदम्य रचनात्मक रोष समाज में बदलाव की अदम्य आकांक्षा और विकास के प्रति सहज लगाव परिलक्षित होता है।

उन्होंने अपने जीवन का अधिकांश समय उत्तर प्रदेश के इलाहाबाद नगर में बिताया। 11 सितंबर, 1987 को इलाहाबाद में रात 9 बजकर 30 मिनट पर उनका देहांत हो गया।

9

रामधारी सिंह दिनकर
Ramdhari Singh Dinkar

रामधारी सिंह
दिनकर

रामधारी सिंह दिनकर (23 सितंबर, 1908–24 अप्रैल, 1974) भारत में हिन्दी के एक प्रमुख लेखक, कवि, निबंधकार थे। राष्ट्रकवि, 'दिनकर' आधुनिक युग के श्रेष्ठ वीर रस के कवि के रूप में स्थापित हैं। बिहार प्रांत के बेगुसराय जिले का सिमरिया घाट कवि दिनकर की जन्मस्थली थी। इन्होंने इतिहास, दर्शनशास्त्र और राजनीति विज्ञान की पढ़ाई पटना विश्वविद्यालय से की। साहित्य के रूप में इन्होंने संस्कृत, बंग्ला, अंग्रेज़ी और उर्दू का गहन अध्ययन किया था।

रामधारी सिंह 'दिनकर' स्वतंत्रता पूर्व के विद्रोही कवि के रूप में स्थापित हुए और स्वतंत्रता के बाद राष्ट्रकवि के नाम से जाने जाते रहे। वे छायावादोत्तर कवियों की पहली पीढ़ी के कवि थे। एक ओर उनकी कविताओं में ओज, विद्रोह, आक्रोश और क्रांति की पुकार है, तो दूसरी ओर कोमल श्रृंगारिक भावनाओं की अभिव्यक्ति है। इन्हीं दो प्रवृत्तियों का चरम उत्कर्ष हमें कुरूक्षेत्र और उर्वशी में मिलता है। 'उर्वशी' काव्य विश्वविख्यात काव्य है।

जीवन-परिचय

इनका जन्म 23 सितंबर 1908 को सिमरिया, मुंगेर, बिहार में हुआ था। पटना विश्वविद्यालय से बी. ए. की परीक्षा उत्तीर्ण करने के बाद वे एक विद्यालय में अध्यापक हो गए। 1934 से 1947 तक बिहार सरकार की सेवा में सब–रजिस्टार और प्रचार विभाग के उपनिदेशक पदों पर कार्य किया। 1950 से 1952 तक मुजफ्फरपुर कालेज में हिन्दी के विभागाध्यक्ष रहे, भागलपुर विश्वविद्यालय के उपकुलपति के पद पर कार्य किया और इसके बाद भारत सरकार के हिन्दी सलाहकार बने। उन्हें पदमविभूषण से भी अलंकृत किया गया।

प्रमुख कृतियाँ

उर्वशी को छोड़कर, दिनकरजी की अधिकतर रचनाएं वीर रस से ओतप्रोत है। उनकी महान रचनाओं में रश्मिरथी और परशुराम की प्रतिज्ञा शामिल है। भूषण के बाद उन्हें वीर रस का सर्वश्रेष्ठ कवि माना जाता है। आचार्य हजारी प्रसाद द्विवेदी ने कहा कि दिनकरजी गैर–हिंदी भाषियों के बीच हिंदी के सभी कवियों में सबसे ज्यादा लोकप्रिय थे। उन्होंने कहा कि दिनकरजी अपनी मातृभाषा से प्रेम करने वालों के प्रतीक थे। हरिवंश राय बच्चन ने कहा कि दिनकरजी को एक नहीं, चार ज्ञानपीठ पुरस्कार दिया जाना चाहिए। उन्होंने कहा कि उन्हें गद्य, पद्य, भाषा और हिंदी भाषा की सेवा के लिए अलग–अगल ज्ञानपीठ पुरस्कार दिया जाना चाहिए। प्रसिद्ध रचनाकार काशीनाथ सिंह ने कहा कि दिनकरजी राष्ट्रवादी और साम्राज्य–विरोधी कवि थे। उन्होंने सामाजिक और आर्थिक समानता और शोषण के खिलाफ कविताओं की रचना की। एक प्रगतिवादी और मानववादी कवि के रूप में उन्होंने ऐतिहासिक पात्रों और घटनाओं को ओजस्वी और प्रखर शब्दों का तानाबाना दिया। ज्ञानपीठ से सम्मानित उनकी रचना उर्वशी की कहानी मानवीय प्रेम, वासना और संबंधों के इर्द–गिर्द धूमती है। उर्वशी स्वर्ग में रहने वाली एक अप्सरा की कहानी है। वहीं, कुरुक्षेत्र, महाभारत के शांति–पर्व का कवितारूप है। यह दूसरे विश्वयुद्ध के बाद लिखी गई। वहीं सामधेनी की रचना कवि के सामाजिक चिंतन के अनुरुप हुई है। संस्कृति के चार अध्याय में दिनकर जी ने कहा कि सांस्कृतिक, भाषाई और क्षेत्रीय विविधताओं के बावजूद भारत एक देश है, क्योंकि सारी विविधताओं के बाद भी, हमारी सोच एक जैसी है।

पद

1947 में देश स्वाधीन हुआ और वह बिहार विश्वविद्यालय में हिन्दी के प्रध्यापक व विभागाध्यक्ष नियुक्त होकर मुजफ्फरपुर पहुँचे। 1952 में जब भारत की प्रथम संसद का निर्माण हुआ, तो उन्हें राज्यसभा का सदस्य चुना गया और वह दिल्ली आ गए। दिनकर 12 वर्ष तक संसद–सदस्य रहे, बाद में उन्हें सन् 1964 से 1965 ई. तक भागलपुर विश्वविद्यालय का कुलपति नियुक्त किया गया। लेकिन अगले ही वर्ष भारत सरकार ने उन्हें 1965 से 1971 ई. तक अपना हिन्दी सलाहकार नियुक्त किया और वह फिर दिल्ली लौट आए। फिर तो ज्वार उमरा और रेणुका, हुंकार, रसवंती और द्वंद्वगीत रचे गए। रेणुका और हुंकार की कुछ रचनाऐं यहाँ–वहाँ प्रकाश में आईं और अग्रेंज़ प्रशासकों को समझते देर न लगी कि वे एक गलत आदमी को अपने तंत्र का अंग बना बैठे हैं और दिनकर की फाइल तैयार होने लगी, बात–बात पर कैफियत तलब होती और चेतावनियाँ मिला करतीं। चार वर्ष में बाईस बार उनका तबादला किया गया।

सम्मान

दिनकरजी को उनकी रचना कुरूक्षेत्र के लिए काशी नागरी प्रचारिणी सभा, उत्तर प्रदेश सरकार और भारत सरकार से सम्मान मिला। **संस्कृति के चार अध्याय** के लिए उन्हें 1959 में साहित्य अकादेमी से सम्मानित किया गया। 'उर्वशी' के लिए साहित्य का ज्ञानपीठ पुरस्कार भी उन्हें प्राप्त हुआ। भारत के प्रथम राष्ट्रपति डॉ राजेंद्र प्रसाद ने उन्हें 1959 में पद्म विभूषण से सम्मानित किया। भागलपुर विश्वविद्यालय के तात्कालीन कुलाधिपति और बिहार के राज्यपाल जाकिर हुसैन, जो बाद में भारत के राष्ट्रपति बने, ने उन्हें डॉक्ट्रेट की मानध उपाधि से सम्मानित किया। गुरू महाविद्यालय ने उन्हें विद्या वाचस्पति के लिए चुना। 1968 में राजस्थान विद्यापीठ ने उन्हें साहित्य–चूड़ामणि से सम्मानित किया।

10

नसीरुद्दीन शाह
Naseeruddin Shah

नसीरुद्दीन शाह

नसीरुद्दीन शाह का जन्म 20 जुलाई, 1950 को उत्तर प्रदेश के बाराबंकी में हुआ था। नसीरुद्दीन शाह हिन्दी फिल्मों के एक प्रसिद्ध अभिनेता हैं। नसीर का नाम पैरेलल सिनेमा के सबसे बेहतरीन अभिनेताओं के साथ–साथ बॉलीवुड की मेनस्ट्रीम या कमर्शियल फिल्मों में भी शामिल हुआ। नसीरुद्दीन शाह ने नेशनल स्कूल ऑफ ड्रामा, नयी दिल्ली से अदाकारी की शिक्षा प्राप्त की।

कैरियर

नसीरुद्दीन शाह के सफर की शुरुआत 1980 में मेनस्ट्रीम सिनेमा में फिल्म **'हम पाँच'** से हुई। बॉलीवुड की ऑल टाइम बैस्ट कॉमेडी फिल्मों 'जाने भी दो यारों' में रवि वासवानी और नसीर की जोड़ी ने बेजोड़ कॉमिक टाइमिंग दिखाई और फिल्म बेहद कामयाब रही।

हर फिल्म में एक नया किरदार और हर किरदार के साथ एक नए नसीर निगेटिव कैरेक्टर हो या आम आदमी की भूमिका, खालिस मसाला फिल्में हो या सीरियस पैरेलल सिनेमा, नसीर अदाकारी का ऐसा सोना हैं जो किसी भी किरदार के सांचे में ढल सकता है।

व्यक्तिगत जीवन

नसीरुद्दीन शाह ने अलीगढ़ मुस्लिम विश्वविद्यालय से स्नातक की पढ़ाई पूरी की और फिर 'नेशनल स्कूल ऑफ ड्रामा' संस्थान से अभिनय का विधिवत प्रशिक्षण लेकर वे रंगमंच और हिन्दी फिल्मों में सक्रिय हो गए।

प्रमुख फिल्में

नसीरुद्दीन शाह ने अपने कैरियर की शुरुआत आर्ट फिल्म 'निशांत' से की थी जिसमें स्मिता पाटिल और शबाना आजमी जैसी अभिनेत्रियाँ थीं। इसके बाद नसीरुद्दीन शाह ने 'आक्रोश', 'स्पर्श', 'मिर्च मसाला', 'अलबर्ट पिंटों को गुस्सा क्यों आता है', 'मंडी', 'मोहन जोशी हाजिर हो', 'अर्द्ध सत्य', 'कथा' आदि कई आर्ट फिल्में कीं। 'मासूम', 'कर्मा', 'इजाजत', 'जलवा', 'हीरो हीरालाल', 'गुलामी', 'त्रिदेव', 'विश्वात्मा', 'मोहरा', 'सरफरोश' जैसी कॉमर्शियल फिल्में भी कीं। फिल्म 'हे राम' में उन्होंने गाँधी जी के किरदार में अपने अभिनय का लोहा मनवाया। नसीरुद्दीन शाह की अभिनय–प्रतिभा भारत तक ही सीमित नहीं रही। अंतरराष्ट्रीय फिल्म परिदृश्य में भी नसीरुद्दीन सक्रिय रहे हैं। हॉलीवुड फिल्म 'द लीग ऑफ एक्स्ट्रा ऑर्डिनरी जेंटलमैन' और पाकिस्तानी फिल्म 'खुदा' जैसी अंतरराष्ट्रीय फिल्मों में भी नसीरुद्दीन शाह ने अपनी प्रभावी उपस्थिति दर्ज करायी। नसीरुद्दीन शाह ने एक फिल्म का निर्देशन भी किया है। हाल ही में वह "इश्किया", "राजनीति" और "जिंदगी ना मिलेगी दुबारा" जैसी फिल्मों में अपने अभिनय का जादू बिखेर चुके हैं।

11

शाहरुख खान
Shahrukh Khan

शाहरुख खान

शाहरुख खान (जन्म 2 नवंबर, 1965), जिन्हें अक्सर और अनौपचारिक रूप में एस.आर.के. नाम से समोधित किया जाता है जो एक भारतीय फिल्म अभिनेता हैं। मीडिया में इन्हें बॉलीवुड का बादशाह, किंग खान, रोमांस किंग और किंग ऑफ बॉलीवुड नामों से पुकारा जाता है। खान ने रोमेंटिक नाटकों से लेकर ऐक्शन थ्रिलर जैसी शैलियों में 75 हिन्दी फिल्मों में अभिनय किया है। फिल्म उद्योग में उनके योगदान के लिये उन्होंने तीस नामांकनों में से चौदह **फिल्मफेयर** पुरस्कार जीते हैं। 2005 में भारत सरकार ने उन्हें भारतीय सिनेमा के प्रति उनके योगदान के लिए **पद्मश्री** से सम्मानित किया।

जीवन–परिचय

खान के माता पिता पठान मूल के थे। उनके पिता ताज मोहम्मद खान एक स्वतंत्रता सेनानी थे और उनकी माँ लतीफा फातिमा मेजर जनरल शाहनवाज खान की पुत्री थीं। खान ने अपनी स्कूली पढ़ाई दिल्ली के सेंट कोलम्बस स्कूल से की जहाँ वह क्रीड़ा क्षेत्र, शैक्षिक जीवन और नाट्य कला में निपुण थे। स्कूल की तरफ से उन्हें स्वोर्ड ऑफ ऑनर से नवाजा गया जो प्रत्येक वर्ष सबसे काबिल और होनहार विद्यार्थी एवं खिलाड़ी को दिया जाता था, इसके उपरांत उन्होंने हंसराज कॉलेज से अर्थशास्त्र की डिग्री एवं जामिया मिलिया

इस्लामिया विश्वविद्यालय से मास कम्युनिकेशन की मास्टर्स डिग्री हासिल की।

1991 में उनका विवाह गौरी के साथ हिंदू रीति रिवाजों से हुआ। उनकी दो संतान हैं – एक पुत्र आर्यन (जन्म 1997) और एक पुत्री सुहाना (जन्म 2000)।

अभिनय

खान ने अपना कैरियर 1988 में दूरदर्शन के धारावाहिक 'फौजी' से प्रारम्भ किया जिसमें उन्होंने कोमान्डो अभिमन्यु राय का किरदार अदा किया। उसके उपरांत उन्होंने और कई धारावाहिकों में अभिनय किया जिनमें प्रमुख थे 1989 का 'सर्कस'। अरुंधती रॉय द्वारा लिखित अंग्रेजी फिल्म 'इन विच एनी गिव्स इट दोज वंस' में एक छोटा किरदार जो दिल्ली विश्वविद्यालय में विद्यार्थी जीवन पर आधारित थी।

1992 में व्यापारिक दृष्टि से सफल फिल्म 'दीवाना' से फिल्म क्षेत्र में कदम रखा। इस फिल्म के लिए उन्हें फिल्मफेयर प्रथम अभिनय पुरस्कार प्रदान किया गया। इसके पश्चात उन्होंने कई फिल्मों में नकारात्मक भूमिकाएं अदा कीं जिनमें डर (1993), बाजीगर (1993) और अंजाम (1994) शामिल है। वे कई प्रकार की भूमिकाओं में दिखे और भिन्न–भिन्न प्रकार की फिल्मों में कार्य किया जिनमें रोमांस फिल्में, हास्य फिल्में, खेल फिल्में व ऐतिहासिक ड्रामा शामिल है।

उनके द्वारा अभिनीत ग्यारह फिल्मों ने विश्वभर में 1 बिलियन का व्यवसाय किया है। खान की कुछ फिल्में जैसे– **दिलवाले दुल्हनिया ले जायेंगे** (1995), **कुछ कुछ होता है** (1998), **कभी खुशी कभी गम** (2001), **देवदास** (2002), **कल हो ना हो** (2003), **वीर जारा** (2006), **चक दे! इंडिया** (2007), **ओम शांति ओम** (2007), **रब ने बना दी जोड़ी** (2008) और **रा.वन** (2011) अब तक की सबसे बड़ी हिट फिल्मों में रही है।

12

शम्मी कपूर
Shammi Kapoor

शम्मी कपूर

21 अक्तूबर, 1931 को जन्में शम्मी कपूर का असली नाम शमशेर राज कपूर था। मुंबई के कपूर खानदान में जन्में शम्मी कपूर को फिल्मी दुनिया तो जैसे विरास्त में मिली थी।

फिल्मों में आने से पहले शम्मी कपूर अपने पिता पृथ्वीराज कपूर के पृथ्वी थिएटर में जूनियर आर्टिस्ट के रूप में कार्यरत थे। चार साल तक मंजने के बाद उन्होंने 1952 में पृथ्वी थिएटर छोड़ा।

शम्मी कपूर का कॅरियर

शम्मी कपूर ने वर्ष 1953 में फिल्म 'ज्योति जीवन' से अपनी अभिनय पारी की शुरुआत की। 1957 में उनकी फिल्म 'तुमसा नहीं देखा' को दर्शकों ने सराहा।

1961 में उनकी फिल्म 'जंगली' आई जिसमें उनकी याहू शैली और "चाहे मुझे कोई जंगली कहे" गाने ने उन्हें रातोंरात स्टार का दर्जा दिला दिया।

शम्मी कपूर ने इसके बाद 'प्रोफेसर', 'चाइना टाउन', 'प्यार किया तो डरना क्या', 'कश्मीर की कली', 'ब्लफ मास्टर', 'जानवर', 'राजकुमार' 'तीसरी

मंजिल', 'बदतमीज', 'एन ईवनिंग इन पेरिस', 'प्रिंस' और 'ब्रह्मचारी' जैसी कई सफल फिल्में कीं।

उपलब्धियाँ

1968 में उन्हें 'ब्रह्मचारी' के लिए श्रेष्ठ अभिनय का **फिल्म फेयर पुरस्कार** मिला। चरित्र अभिनेता के रूप में शम्मी कपूर को 1982 में 'विधाता' फिल्म के लिए **श्रेष्ठ सहायक अभिनेता** का पुरस्कार मिला।

शम्मी कपूर ने 1955 में लोकप्रिय अभिनेत्री गीता बाली से शादी की। गीता बाली ने संघर्ष के दौर में उन्हें काफी प्रोत्साहन दिया। उनका वैवाहिक जीवन लंबा नहीं रहा क्योंकि गीता बाली का 1966 में निधन हो गया। बाद में शम्मी ने दूसरा विवाह नीला देवी से 1969 में किया।

14 अगस्त, 2011 की सुबह हिन्दी फिल्मों के एक सूरज को ले डूबी। वह पिछले कई दिनों से अस्वस्थ चल रहे थे और उन्हें मुंबई के ब्रीच कैंडी अस्पताल में भर्ती कराया गया था।

आज हमारे बीच शम्मी कपूर नहीं हैं लेकिन एक अभिनेता के तौर पर उनकी कला हमेशा लोगों के दिलों पर राज करेगी। शम्मी कपूर की सबसे बड़ी खासियत थी कि बिंदास और बदमाश होते हुए भी उनके द्वारा निभाए गए किरदार अश्लील और अमर्यादित नहीं लगते थे। आने वाला समय ऐसे ही कलाकारों की मांग करता है जो दर्शकों को अपने अभिनय से हंसाने और रुलाने दोनों का माद्दा रखता हो।

13

ऐश्वर्या राय

Aishwarya Rai

ऐश्वर्या राय

पूर्व मिस वर्ल्ड रह चुकी ऐश्वर्या आज बॉलीवुड की सबसे महंगी अभिनेत्रियों में से एक हैं। बच्चन परिवार की बहू होने के साथ अंतरराष्ट्रीय सिनेमा में एक अलग पहचान बना चुकी ऐश आज न सिर्फ कई बड़ी कंपनियों की ब्रांड अम्बेसडर हैं बल्कि उभरते हुए भारत में नारी सशक्तिकरण की पहचान भी हैं।

ऐश्वर्या राय की प्रोफाइल

ऐश्वर्या का जन्म 1 नवम्बर, 1973 को कर्नाटक के मंगलौर शहर में हुआ। ऐश्वर्या के पिता का नाम कृष्णराज राय है जो पेशे से मरीन इंजीनियर हैं और माता का नाम वृंदा राय है जो एक लेखिका हैं। ऐश्वर्या ने अपनी पढ़ाई सांताक्रूज में आर्य विद्या मंदिर से की और कॉलेज की पढाई 'रुपारेल कॉलेज' से की। स्कूल के दिनों से ही उन्होंने क्लासिकल नृत्य सीखना शुरू कर दिया था।

स्कूल के दिनों से ही उन्हें मॉडलिंग के प्रस्ताव मिलने शुरू हो गए थे। जब वह नौवीं कक्षा में थीं तब कैमलिन कंपनी की तरफ से उन्हें मॉडलिंग का प्रस्ताव मिला। इसके बाद वो कोक, फूजी और पेप्सी के विज्ञापन नें दिखीं। मॉडलिंग के साथ-साथ उन्होंने पढ़ाई भी जारी रखी।

ऐश्वर्या राय ने 1994 में मिस इंडिया प्रतियोगिता में सुष्मिता सेन के बाद दूसरा स्थान जीता। उसी साल जहाँ सुष्मिता सेन ने मिस यूनिवर्स का खिताब जीता वहीं ऐश्वर्या ने मिस वर्ल्ड का।

कॅरियर

मॉडलिंग से एक्टिंग की तरफ अपने फिल्मी कॅरियर की शुरुआत उन्होंने तमिल फिल्म 'इरुवर' (1997) से की जिसमें ऐश के अभिनय को काफी सराहा गया, इसी तरह उन्होंने बॉलीवुड में फिल्म "और प्यार हो गया" से शुरुआत की।

1999–2005 के दौरान उन्होंने एक के बाद एक सफल फिल्में दीं और बॉलीवुड की शीर्ष अभिनेत्रियों की होड़ में सबसे आगे निकल गईं। 1999 में संजय लीला भंसाली की फिल्म "हम दिल दे चुके सनम" बॉक्स ऑफिस पर बड़ी सफल फिल्म रही। इसके बाद उन्होंने ताल, देवदास, बंटी और बबली, सरकार, मोहब्बतें, चोखेर बाली, उमराव जान, धूम 2 जैसी हिट फिल्में दी हैं। हाल में वह 'रावण' और 'रोबोट' जैसी फिल्मों में भी आई हैं।

हिन्दी सिनेमा जगत के अलावा उन्होंने कई अंग्रेज़ी फिल्मों में भी काम किया है जिसमें पिंक पैंथर 2, द लास्ट लेजन, प्रोवोक्ड, ब्राइड एंड प्रिजुडिस मुख्य हैं। 'कान' फिल्मोत्सव में वह भारत का प्रतिनिधित्व करने के लिए जानी जाती हैं। मशहूर पत्रिका 'टाइम' ने भी 2004 और 2010 में विश्व के 100 प्रभावशाली लोगों की सूची में ऐश्वर्या को शामिल किया था।

पारिवारिक जीवन

20 अप्रैल, 2007 को उन्होंने अमिताभ बच्चन के बेटे अभिषेक बच्चन से विवाह किया। शादी के बाद भी ऐश्वर्या ने काम करना जारी रखा और कई बेहतरीन फिल्मों में अभिनय किया।

ऐश्वर्या राय ने एक आदर्श बहू की तरह फिल्मों को इसलिए छोड़ दिया क्योंकि यह उनके परिवार को पसंद नहीं था। इन सबके बीच नवंबर 2011 में ऐश्वर्या राय बच्चन ने एक बेटी को जन्म दिया।

ऐश्वर्या राय को दो बार **'फिल्मफेयर'** पुरस्कार मिल चुके हैं। पहली बार उन्हें फिल्म "हम दिल दे चुके सनम" के लिए सर्वश्रेष्ठ अभिनेत्री का खिताब मिला था और दूसरी बार उन्हें फिल्म 'देवदास' के लिए 'सर्वश्रेष्ठ अभिनेत्री' के पुरस्कार से सम्मानित किया गया। उनकी कला के क्षेत्र में कामयाबी के लिए 2009 में भारत सरकार ने **'पद्मश्री पुरस्कार'** से नवाजा।

14

प्रियंका चोपड़ा

Priyanka Chopra

प्रियंका चोपड़ा

प्रियंका चोपड़ा का जन्म झारखंड के जमशेदपुर में हुआ था। 18 जुलाई, 1982 को जन्मी प्रियंका के पिता अशोक चोपड़ा और माँ मधु दोनों पेशे से फिजीशियन हैं। लखनऊ के 'ला मरटीनियर गर्ल्स कॉलेज' से अपनी पढ़ाई पूरी करने के बाद उन्होंने मुंबई के 'जय हिंद कॉलेज' में पढ़ाई शुरु की।

मिस वर्ल्ड का सफर

अपनी पढ़ाई से समय निकालकर उन्होंने प्रतियोगिता में हिस्सा लिया। वर्ष 2000 में उन्होंने फेमिना 'मिस इंडिया' में दूसरा पायदान हासिल किया।

फिल्मी सफर

प्रियंका चोपड़ा ने अपना फिल्मी सफर 2002 में तमिल फिल्म 'थमिजन' से शुरु किया था। हिन्दी फिल्मों में उन्होंने शुरुआत फिल्म "द हीरो " से की थी। डेविड धवन की फिल्म "मुझसे शादी करोगी" के साथ प्रियंका को सफलता मिली।

वर्ष 2008 में उनकी छह फिल्में आईं जिनमें से फिल्म "फैशन" ने प्रियंका

चोपड़ा के कॅरियर को नई राह दी और प्रियंका बॉलिवुड की सफल अभिनेत्रियों में गिनी जाने लगीं।

"फैशन" के बाद फिल्म "दोस्ताना" और "कमीने" में भी प्रियंका के अभिनय की सबने सराहना की।

2011 में आई फिल्म "सात खून माफ" में प्रियंका चोपड़ा ने जिस तरह की अदाकारी की, उसने सबका मन मोह लिया।

पुरस्कार

वर्ष 2000 में प्रियंका चोपड़ा ने मिस वर्ल्ड का खिताब जीता।

फिल्म "अंदाज" के लिए प्रियंका चोपड़ा को फिल्मफेयर 'बेस्ट फीमेल डेब्यू अवार्ड' का पुरस्कार मिला।

फिल्म "एतराज" के लिए प्रियंका चोपड़ा को फिल्मफेयर 'बेस्ट फीमेल विलेन' का अवार्ड मिला।

फिल्म "फैशन" के लिए प्रियंका चोपड़ा को 'सर्वश्रेष्ट अभिनेत्री' का 'राष्ट्रीय पुरस्कार' और 'सर्वश्रेष्ट अभिनेत्री' का 'फिल्मफेयर अवार्ड' दोनों मिले।

15

सुष्मिता सेन

Sushmita Sen

सुष्मिता सेन

सुष्मिता सेन का जन्म 19 नवंबर, 1975 को हैदराबाद में हुआ था। वायुसेना के सेवानिवृत्त विंग कमांडर सुबीर सेन और ज्वैलरी डिजाइनर सुभ्रा सेन की बेटी सुष्मिता सेन को फिल्म-जगत की सौम्य और सहज अभिनेत्रियों में माना जाता है।

पूर्व मिस यूनिवर्स सुष्मिता सेन का फ़िल्मी कॅरियर तो बेशक बहुत कम है लेकिन दर्शकों के बीच उनकी लोकप्रियता उतनी ही अधिक है जिसकी सबसे बड़ी वजह है उनकी खुली जिंदगी।

समाज में बिना शादी के उन्होंने बच्चा गोद लेने का जो साहस किया है वह उनकी ताकतवर इच्छा–शक्ति को दर्शाता है।

सुष्मिता का अंदाज उन्हें दूसरों से जुदा बनाता है। उनकी वॉर्म पर्सनैलिटी और उनका हर एक व्यक्ति को अपना लेने का अंदाज ही है जो उनके 'नॉट सो सक्सेसफुल' कॅरियर के बाद भी उन्हें बेहद पॉपुलर और चहेता बनाता है। समाज सेवा के लिए सुष्मिता हमेशा आगे रहती हैं।

1994 में जब सुष्मिता ने 'मिस इंडिया' का खिताब जीता, तब सुष्मिता की उम्र 18 वर्ष थी। इस प्रतियोगिता में ऐश्वर्या राय दूसरे पायदान पर आई थीं।

1994 में सुष्मिता सेन भारत की तरफ से पहली महिला बनीं, जिसने 'मिस यूनिवर्स' का खिताब अपने नाम किया। यह आयोजन मनीला, फिलिपींस में हुआ था। 'मिस यूनिवर्स' का विश्व खिताब जीतकर सुष्मिता सेन ने अपना नाम पूरे विश्व में रोशन कर दिया।

फिल्मी कॅरियर

1997 में महेश भट्ट की फिल्म "दस्तक" से सुष्मिता सेन ने फिल्मी दुनिया में प्रवेश किया, जिसमें उन्होंने अपने ही चरित्र को जिया। दूसरी फिल्म "जोर" थी। उनको पहली सफलता फिल्म 'सिर्फ तुम' के 'दिलबर दिलबर' गाने में मिली, जिसमें उनकी अदाओं को दर्शकों ने पसंद किया।

डेविड धवन की फिल्म "बीवी नंबर वन" में सुष्मिता सेन ने बीवी नंबर टू का रोल किया। इस फिल्म के लिए उन्हें फिल्मफेयर 'बेस्ट सपोर्टिंग एक्ट्रेस' अवार्ड (सर्वश्रेष्ठ सह अभिनेत्री का फिल्मफेयर अवार्ड) भी मिला।

उनकी चर्चित फिल्मों में "फिलहाल", "आँखें", "समय", "मैं हूँ ना", "बेवफा", "मैंने प्यार क्यों किया", "चिंगारी" के नाम शामिल हैं। सुष्मिता सेन ने "दूल्हा मिल गया" और "नो प्रॉब्लम" जैसी फिल्मों में भी काम किया है।

16

अमिताभ बच्चन
Amitabh Bachchan

अमिताभ बच्चन

अमिताभ बच्चन (जन्म–11 अक्टूबर) बॉलीवुड के सबसे लोकप्रिय अभिनेता है। 1970 के दशक के दौरान उन्होंने बड़ी लोकप्रियता प्राप्त की और तबसे भारतीय सिनेमा के इतिहास में सबसे प्रमुख व्यक्तित्व बन गए हैं।

बच्चन ने अपने कैरियर में कई पुरस्कार जीते हैं, जिनमें तीन राष्ट्रीय फिल्म पुरस्कार और बारह फिल्मफेयर पुरस्कार शामिल है। उनके नाम सर्वाधिक सर्वश्रेष्ठ अभिनेता फिल्मफेयर अवार्ड का रेकार्ड है। अभिनय के अलावा बच्चन ने पार्श्वगायक, फिल्म निर्माता और टीवी प्रस्तोता और भारतीय संसद के एक निर्वाचित सदस्य के रूप में प्रसिद्धी पायी। इन्होंने प्रसिद्द टी.वी. शो **कौन बनेगा करोड़पति** में होस्ट की भूमिका निभाई है। बच्चन का विवाह अभिनेत्री जया भादुड़ी से हुआ है। इनके दो संतान हैं, श्वेता नंदा और अभिषेक बच्चन।

जीवन-परिचय

इलाहाबाद, उत्तर प्रदेश, में जन्में अमिताभ बच्चन हिंदू कायस्थ परिवार से

संबंध रखते हैं। उनके पिता, डॉ. हरिवंश राय बच्चन प्रसिद्ध हिन्दी कवि थे, जबकि उनकी माँ तेजी बच्चन कराची के सिख परिवार से संबंध रखती थीं। आरंभ में बच्चन का नाम इंकलाब रखा गया था जो भारतीय स्वतंत्रता संग्राम के दौरान प्रयोग में किए गए प्रेरित वाक्यांश इंकलाब जिंदाबाद से लिया गया था। लेकिन बाद में इनका अमिताभ नाम रख दिया गया जिसका अर्थ है, ऐसा प्रकाश जो कभी नहीं बुझेगा। यद्यपि इनका अंतिम नाम श्रीवास्तव था फिर भी इनके पिता ने इस उपनाम को अपने कृतियों को प्रकाशित करने वाले बच्चन नाम से उद्धृत किया। यह उनका अंतिम नाम ही है जिसके साथ उन्होंने फिल्मों में एवं सभी सार्वजनिक प्रयोजनों के लिए उपयोग किया। अब यह उनके परिवार के समस्त सदस्यों का उपनाम बन गया है।

अमिताभ, हरिवंश राय बच्चन के दो बेटों में सबसे बड़े हैं। उनके दूसरे बेटे का नाम अजिताभ है। इनकी माता की थिएटर में गहरी रुचि थी और उन्हें फिल्म में भी रोल की पेशकश की गई थी किंतु इन्होंने गृहणि बनना ही पसंद किया। अमिताभ के कैरियर के चुनाव में इनकी माता का भी कुछ हिस्सा था क्योंकि वे हमेशा इस बात पर भी जोर देती थी कि उन्हें सेंटर स्टेज को अपना कैरियर बनाना चाहिए। बच्चन के पिता का देहांत 2003 में हो गया था जबकि उनकी माता की मृत्यु 21 दिसंबर, 2007 को हुई थीं।

बच्चन ने दो बार एम. ए. की उपाधि ग्रहण की है। मास्टर ऑफ आर्ट्स (स्नातकोत्तर) इन्होंने इलाहाबाद के ज्ञान प्रबोधिनी और बॉयज हाई स्कूल (बीएचएस) तथा उसके बाद नैनीताल के शेरवुड कॉलेज में पढ़ाई की जहाँ कला संकाय में प्रवेश दिलाया गया। अमिताभ बाद में अध्ययन करने के लिए दिल्ली विश्वविद्यालय के किरोड़ीमल कॉलेज चले गए जहाँ इन्होंने विज्ञान स्नातक की उपाधि प्राप्त की। अपनी आयु के 20 के दशक में बच्चन ने अभिनय में अपना कैरियर आजमाने के लिए कोलकता की एक शिपिंग फर्म बर्ड एंड कंपनी में किराया ब्रोकर की नौकरी छोड़ दी। 3 जून, 1973 को इन्होंने बंगाली संस्कार के अनुसार अभिनेत्री जया भादुड़ी से विवाह कर लिया।

आरंभिक कार्य

बच्चन ने फिल्मों में अपने कैरियर की शुरूआत ख्वाजा अहमद अब्बास के

निर्देशन में बनी सात हिंदुस्तानी के सात कलाकारों में एक कलाकार के रूप में की, उत्पल दत्त, मधु और जलाल आगा जैसे कलाकारों के साथ अभिनय कर के। फिल्म ने वित्तीय सफलता प्राप्त नहीं की पर बच्चन ने अपनी पहली फिल्म के लिए राष्ट्रीय फिल्म पुरस्कार में सर्वश्रेष्ठ नवागंतुक का पुरस्कार जीता। इस सफल व्यावसायिक और समीक्षित फिल्म के बाद उनकी एक और फिल्म आनंद (1971) आई जिसमें उन्होंने उस समय के लोकप्रिय कलाकार राजेश खन्ना के साथ काम किया। डॉ. भास्कर बनर्जी की भूमिका करने वाले बच्चन ने कैंसर के एक रोगी का उपचार किया जिसमें उनके पास जीवन के प्रति वेबकूफी और देश की वास्तविकता के प्रति उसके दष्टिकोण के कारण उसे अपने प्रदर्शन के लिए सर्वश्रेष्ठ सहायक कलाकार का फिल्मफेयर पुरस्कार मिला। इसके बाद अमिताभ ने (1971) में बनी परवाना में एक मायूस प्रेमी की भूमिका निभाई जिसमें इसके साथी कलाकारों में नवीन निश्चल, योगिता बाली और ओम प्रकाश थे और इन्हें खलनायक के रूप में फिल्माना अपने आप में बहुत कम देखने को मिलने जैसी भूमिका थी। इसके बाद उनकी कई फिल्में आई जो बॉक्स ऑफिस पर उतनी सफल नहीं हो पाई जिनमें रेशमा और शेरा (1971) भी शामिल थी और उन दिनों इन्होंने गुड्डी फिल्म में मेहमान कलाकार की भूमिका निभाई थी। इनके साथ इनकी पत्नी जया भादुड़ी के साथ धर्मेन्द्र भी थे। अपनी जबरदस्त आवाज के लिए जाने जाने वाले अमिताभ बच्चन ने अपने कैरियर के प्रारंभ में ही उन्होंने बावर्ची फिल्म के कुछ भाग का बाद में वर्णन किया। फिल्म शोले से उनको अधिक सफलता मिली। आज 70 वर्ष की आयु में भी अमिताभ विभिन्न चैनलों पर रोज नजर आते हैं।

17

नर्गिस दत्त

Nargis Dutt

नर्गिस दत्त

बॉलीवुड में ऐसे कई मौके आए हैं जब पर्दे का प्यार असल जिंदगी के प्यार में तब्दील होता देखा गया है। इसमें से तो कई नाकामयाब हुए तो कई सफ्ल भी रहीं। उन्हीं जोड़ियों में एक जोड़ी है नर्गिस और सुनील दत्त की जो अपने अमर प्यार के लिए आज भी याद किए जाते हैं। वैसे जानने वाले यह भी बताते हैं कि नर्गिस और सुनील दत्त की प्रेम कहानी किसी फिल्मी कहानी की तरह थी। एक बार मदर इंडिया के सेट पर आग लग गई थी। नर्गिस दत्त उसमें फंस गई थीं और सुनील दत्त ने उन्हें बचाय था। इसके बाद उन्हें सुनील दत्त से प्यार हो गया था।

जीवन-परिचय

1 जून, 1929 को ब्रिटिश अधीन भारत के कलकत्ता में जन्मी नर्गिस का वास्तविक नाम फातिमा राशिद था। नर्गिस की माता जद्दनबाई इलाहाबाद की रहने वाली एक शास्त्रीय संगीत गायिका थीं। माता के सहयोग से ही नर्गिस फिल्मों में प्रवेश कर पाई थीं। नर्गिस के पिता उत्तमचंद मोहनदास एक प्रतिष्ठित डॉक्टर थे।

नर्गिस और राज कपूर का रोमांस

बहुत छोटी उम्र में ही नर्गिस ने अपने फिल्मी सफर की शुरुआत कर ली थी। वर्ष 1935 में उन्होंने 'तलाश हक' नाम की फिल्म में काम किया। इस फिल्म के बाद उन्हें बेबी नर्गिस के नाम से पहचान मिलने लग गई थी। 1940–50 के समय में नर्गिस ने कई बड़ी हिंदी फिल्मों में काम किया जिनमें बरसात, अंदाज, आवारा, दीदार, श्री 420 और चोरी–चोरी आदि प्रमुख हैं। अपने फिल्मी कॅरियर में नर्गिस ने ज्यादातर राज कपूर और दिलीप कुमार के साथ काम किया। वर्ष 1957 में प्रदर्शित महबूब खान की फिल्म मदर इंडिया, नर्गिस के जीवन में मील का पत्थर साबित हुई।

बॉलीवुड में अगर बेहतरीन जोड़ियों की बात की जाए तो सबसे पहला नाम जो आता है वह है राज कपूर और नर्गिस दत्त का। जिस तरह से यह दोनों कलाकार एक से बढ़कर एक हिट फिल्में दे रहे थे उस समय लोगों को लग रहा था कि इनकी जिंदगी भी एक ही पटरी पर चलेगी। बात सच भी थी उस समय नर्गिस और राज कपूर के बीच रोमांस की चर्चाए भी थीं। लेकिन वर्ष 1958 में नर्गिस ने सुनील दत्त से विवाह करके वह सारे भ्रम तोड़ दिए।

नर्गिस और सुनील दत्त का अमर प्यार

नर्गिस और सुनील दत्त के पत्रों के संकलन पर आधारित किताब, 'डार्लिंग जीरू द ट्रू लव स्टोरी ऑफ नर्गिस ऐंड सुनील दत्त' में नर्गिस कहती हैं कि राज कपूर के साथ अपने रोमांस के असफल होने के बाद वे आत्महत्या के बारे में सोचने लगी थीं कि तभी उन्हें सुनील दत्त मिल गए। आखिरकार उन्हें सुनील दत्त के रूप में एक ऐसा व्यक्ति मिल गया था जो उनकी जिंदगी को सामान्य अवस्था में ले आया था। नर्गिस ने अपने अतीत के बारे में सुनील दत्त को बेहिचक सब कुछ बता दिया था क्योंकि उन्हें विश्वास था कि वे कभी उन्हें छोड़ कर नहीं जाएंगे। उनका भरोसा गलत नहीं था। सुनील दत्त उन्हें छोड़कर कभी नहीं गए।

निधन

कैंसर जैसी गंभीर बीमारी से एक लंबे समय तक जूझने के कारण वह कोमा में चली गईं। 2 मई, 1981 को मुंबई में नर्गिस का देहांत हो गया। नर्गिस का देहांत संजय दत्त की फिल्म रॉकी के रिलीज होने के तीन दिन बाद हुआ था।

18

राज कपूर
Raj Kapoor

राज कपूर

राज कपूर (1924–1988) प्रसिद्ध अभिनेता, निर्माता एवं निर्देशक थे। नेहरूवादी समाजवाद से प्रेरित अपनी शुरूआती फिल्मों से लेकर प्रेम कहानियों को मादक अंदाज से परदे पर पेश करके उन्होंने हिंदी फिल्मों के लिए जो रास्ता तय किया, इस पर उनके बाद कई फिल्मकार चले। सोवियत संघ और मध्य–पूर्व में राज कपूर की लोकप्रियता दंतकथा बन चुकी है। उनकी फिल्मों खासकर श्री 450 में बंबई की जो मूल तस्वीर पेश की गई है, वह फिल्म निर्माताओं को अभी भी आकर्षित करती है। राज कपूर की फिल्मों की कहानियाँ आमतौर पर उनके जीवन से जुड़ी होती थीं और अपनी ज्यादातर फिल्मों के मुख्य नायक वे खुद होते थे।

फिल्मी सफर

सन् 1935 में, जब उनकी उम्र केवल 11 वर्ष थी, फिल्म इंकलाब में अभिनय किया था वे बांबे टाकीज स्टुडिओ में सहायक का काम करते थे बाद में वे केदार शर्मा के साथ क्लैपर ब्वाय का कार्य करने लगे। उनके पिता पृथ्वीराज

कपूर को विश्वास नहीं था कि राज कपूर कुछ विशेष कार्य कर पायेगा, इसीलिये उन्होंने उसे सहायक या क्लैपर ब्वाय जैसे छोटे काम में लगवा दिया था। केदार शर्मा ने राज कपूर के भीतर के अभिनय क्षमता और लगन को पहचाना और उन्होंने राज कपूर को सन् 1947 में अपनी फिल्म नीलकमल, जिसकी नायिका मधुबाला थी, में नायक का काम दे दिया। 24 साल की उम्र में ही अर्थात् सन् 1948 में उन्होंने अपनी स्टुडिओ, आर.के. फिल्म्स, की स्थापना कर लिया था और उस समय के सबसे कम उम्र के निर्देशक बन गये थे। सन् 1948 में उन्होंने पहली बार फिल्म **आग** का निर्देशन किया और वह अपने समय की सफलतम फिल्म रही।

राज कपूर ने सन् 1948 से 1988 तक की अवधि में अनेकों सफल फिल्मों का निर्देशन किया। जिनमें अधिकतम फिल्में बॉक्स आफिस पर सुपर हिट रहीं। अपने द्वारा निर्देशित अधिकतर फिल्मों में राज कपूर ने स्वयं हीरो का रोल निभाया। राज कपूर और नर्गिस की जोड़ी सफलतम फिल्मी जोड़ियों से एक थी, उन्होंने फिल्म आह, बरसात, आवारा, श्री 420, चोरी चोरी आदि में एक साथ काम किया था।

मेरा नाम जोकर उनकी सर्वाधिक महत्वाकांक्षी फिल्म थी जो कि सन् 1970 में प्रदर्शित हुई और जिसके निर्माण में 6 वर्षों से भी अधिक समय लगा। उनकी इस फिल्म के प्रति महत्वाकांक्षा का अनुमान इसी बात से लगाया जा सकता है कि सन् 1955 में प्रदर्शित उनकी फिल्म श्री 420 में नर्गिस के सामने वे अपने रोल में कहते हैं। राज कपूर उसके बाद फिल्म बॉबी के निर्माण व निर्देशन में जुट गये बॉबी सन् 1973 में प्रदर्शित हुई जो बॉक्स आफिस पर सुपर हिट हुई। अपनी इस फिल्म में उन्होंने अपने बेटे ऋषि कपूर और नई कलाकार डिंपल कापड़िया को मुख्य रोल दिया और दोनों ही बाद में सुपर हिट स्टार साबित हुये।

बॉबी फिल्म की सफलता के बाद राज कपूर ने अपनी अगली फिल्म सत्यम् शिवम् सुन्दरम् बनाई जो कि फिर एक बार हिट हुई।

सत्यम् शिवम् सुन्दरम् के बाद राज कपूर की अगली सफल फिल्म राम तेरी गंगा मैली रही। राम तेरी गंगा मैली बनाने के बाद वे हिना के निर्माण में

लगे थे जिसकी कहानी भारतीय युवक और पाकिस्तानी युवती के प्रेम सम्बंध पर आधारित थी। हिना के निर्माण के दौरान राज कपूर की मृत्यु हो गई और उस फिल्म को उनके बेटे रणधीर कपूर ने पूरा किया।

राज कपूर को सिने प्रेमी दर्शकों के साथ ही साथ फिल्म आलोचकों से भी भरपूर प्रशंसा मिली। वे चार्ली चौपलिन के प्रशंसक थे और उनके अभिनय में चार्ली चौपलिन का पूरा पूरा प्रभाव पाया जाता था। राज कपूर को भारतीय सिनेमा का चार्ली चौपलिन भी कहा जाता है। राज कपूर की फिल्मों ने सोवियत रूस, चीन, अफ्रीका आदि देशों में भी प्रसिद्धि पाई। रूस में तो उनकी फिल्मों के हिंदी गाने भी अत्यंत लोकप्रिय रहे हैं। विशेषकर फिल्म आवारा और श्री 420।

राज कपूर को संगीत की बहुत अच्छी समझ थी। साथ ही साथ वे यह भी अच्छी तरह से जानते थे कि किस तरह के संगीत को लोग पसंद करते हैं। यही कारण है कि आज तक उनके फिल्मों के गाने लोकप्रिय हैं। संगीतकार शंकर जयकिशन, जो कि लगातार 18 वर्षों तक नंबर 1 संगीतकार रह चुके हैं, को उन्होंने ही अपनी फिल्म बरसात में पहली बार संगीत निर्देशन का अवसर दिया था। फिल्म बरसात से राज कपूर ने अपनी फल्मों के गीत संगीत के लिये एक प्रकार से एक टीम बना लिया था। जिसमें उनके साथ गीतकार शैलेन्द्र तथा हसरत जयपुरी, गायक मुकेश और संगीतकार शंकर जयकिशन शामिल थे। ये सभी के एक दूसरे के अच्छे मित्र थे और लगभग 18 वर्षों के एक बहुत लंबे अरसे तक एक साथ मिल कर काम करते रहे।

पुरस्कार

राज कपूर को सन् 1987 में दादा साहेब फाल्के पुरस्कार प्रदान किया गया था। राज कपूर को कला के क्षेत्र में भारत सरकार द्वारा, सन् 1971 में पद्म भूषण से सम्मानित किया गया था।

19

शबाना आजमी

Shabana Azmi

शबाना आजमी

बात चाहे ग्लैमरस रोल की हो या लीक से हटकर बनने वाली आर्ट फिल्मों की हो, हर क्षेत्र में अभिनय की अपनी एक कला होती है। पर कुछ सितारे अपने आप को हर रोल में फिट कर लेते हैं। ऐसी ही एक अभिनेत्री हैं शबाना आजमीं। हिन्दी फिल्मों में अभिनेत्री शबाना आजमी ने कमोबेश हर तरफ के रोल अदा किए हैं। फिल्मों में आज भी वह सक्रिय हैं। एक अभिनेत्री होने के साथ–साथ शबाना आजमी सामाजिक कार्यों में भी समान रूप से संलिप्त रहती हैं।

जीवन-परिचय

शबाना आजमी का जन्म 18 सितंबर, 1950 को हुआ था। उनके पिता कैफी आजमी एक कवि थे। उनके भाई बाबा आजमी एक सिनेमेटोग्राफर हैं। शबाना आजमी का बचपन कलात्मक माहौल में बीता। पिता मशहूर शायर कैफी आजमी और मां रंगमंच अदाकारा शौकत आजमी के सान्निध्य में शबाना आजमी का सुहाना बचपन बीता। माँ से विरासत में मिली अभिनय–प्रतिभा को

सकारात्मक मोड़ देकर शबाना ने हिन्दी फिल्मों में अपने सफर की शुरूआत की।

शबाना आजमी ने मनोविज्ञान में स्नातक किया है। उन्होंने स्नातक की डिग्री मुंबई के सेंट जेवियर कॉलेज से ली है। शबाना आजमी ने एक्टिंग का कोर्स फिल्म एंड टेलिविजन इंस्टिटीयूट ऑफ इंडिया, पुणे से किया है। एक्टिंग क्लास लेने के लिए उन्होंने "जया भादुड़ी" से प्रेरणा ली।

फिल्मी कॅरियर

शबाना आजमी ने 1973 में अपने फिल्मी कॅरियर की शुरूआत की। उनकी पहली फिल्म थी श्याम बेनेगल की "अंकुर"। "अंकुर" जैसी आर्ट फिल्म की सफलता ने शबाना आजमी को बॉलिवुड में जगह दिलाने में अहम भूमिका निभाई। अपनी पहली ही फिल्म के लिए उन्हें सर्वश्रेष्ठ अभिनेत्री का राष्ट्रीय पुरस्कार हासिल हुआ।

इसके बाद 1983 से 1985 तक लगातार तीन सालों तक उन्हें सर्वश्रेष्ठ अभिनेत्री के राष्ट्रीय पुरस्कार से नवाजा गया। अर्थ, खंडहर और पार जैसी फिल्मों के लिए उनके अभिनय को राष्ट्रीय पुरस्कार से नवाजा गया जो एक बेहतरीन अदाकारा के लिए सम्मान की बात है।

शबाना ने ग्लैमरस अभिनेत्रियों की भीड़ में स्वयं को अलग साबित किया। स्मिता पाटिल और शबाना आजमी उस दौर की समानांतर फिल्मों की जरूरत बन गईं। अर्थ, निशांत, अंकुर, स्पर्श, मंडी, मासूम में शबाना आजमी ने अपने अभिनय की अमिट छाप दर्शकों पर छोड़ी। इन गंभीर फिल्मों के साथ–साथ शबाना ने मुख्य धारा की कमर्शियल फिल्मों में भी अपनी उपस्थिति बनाए रखी। अमर अकबर एंथोनी, परवरिश, मैं आजाद हूँ जैसी व्यावसायिक फिल्मों में अपने अभिनय के रंग भरकर शबाना आजमी ने आम दर्शकों के बीच अपनी पहुँच बनाए रखी।

प्रयोगात्मक सिनेमा के भरण–पोषण में उनका योगदान उल्लेखनीय है। फायर जैसी विवादास्पद फिल्म में शबाना ने बेधड़क होकर अपनी अभिनय प्रतिभा का प्रमाण दिया वहीं, बाल फिल्म मकड़ी में वे चुड़ैल की भूमिका

निभाती हुई नजर आई। यदि मासूम में मातृत्व की कोमल भावनाओं को जीवंत किया तो वहीं, गॉड मदर में प्रभावशाली महिला डॉन की भूमिका भी निभायी।

भारतीय सिनेमा जगत की सक्षम अभिनेत्रियों की सूची में शबाना आजमी का नाम सबसे ऊपर आता है। जीवन के छठे दशक में प्रवेश करने के बाद भी शबाना आजमी की ऊर्जा अतुलनीय है। वे आज भी रूपहले पर्दे पर अपनी सक्रिय उपस्थिति दर्ज कराती हैं।

15 पार्क एवेन्यू और हनीमून ट्रैवेल्स प्राइवेट लिमिटेड जैसी फिल्मों में उनका अभिनय नई पीढ़ी की अभिनेत्रियों पर हावी रहा। नई पीढ़ी की अभिनेत्रियाँ इस सक्षम और कुशल अभिनेत्री के सानिध्य में अपनी अभिनय क्षमता निखारने की इच्छुक रहती हैं। पैतीस वर्ष के लंबे अनुभव के बाद भी शबाना आजमी की सक्रियता अभिनय की दुनिया में बनी हुई है। वे आज भी उसी ऊर्जा और जोश के साथ हिन्दी फिल्मों से जुड़ी हुई हैं।

शबाना आजमी और जावेद अख्तर

शबाना आजमी ने मशहूर लेखक जावेद अख्तर से शादी की है। जावेद पहले से शादी–शुदा थे लेकिन फिर भी शबाना के प्यार में उन्होंने तलाक लेकर शादी की। पति जावेद अख्तर के सक्रिय सहयोग ने शबाना आजमी के हौसले को बढ़ाया और वे फिल्मों में अभिनय के रंग भरने के साथ–साथ विभिन्न सामाजिक मंचों पर देश और समाज से जुड़ी अपनी चिंताएं अभिव्यक्त करने लगीं।

सक्रिय सामाजिक कार्यकर्ता के रूप में शबाना आजमी ने अपनी नई पहचान बनाई। एड्स के प्रति जागरुकता फैलाने में उन्होंने अहम भूमिका निभाई। वे 1997 में राज्यसभा की सदस्या मनोनीत की गईं। सांसद के रूप में अपनी जिम्मेदारी गंभीरता के साथ निभाने के साथ–साथ उन्होंने स्वयं को किसी राजनीतिक दल से नहीं जोड़ा। किसी भी गंभीर राष्ट्रीय, सामाजिक मुद्दे पर वे अपने विचार को लेकर मुखर रही हैं।

पुरस्कार

शबाना आजमी को पाँच बार सर्वश्रेष्ठ अभिनेत्री के राष्ट्रीय पुरस्कार से

सम्मानित किया गया है जो एक रिकॉर्ड है। उन्हें पहली बार 1975 में फिल्म अंकुर, फिर 1983 में अर्थ, 1984 में खंडहर, 1985 में पार और 1999 में फिल्म "गॉडफादर" के लिए यह सम्मान दिया गया था।

शबाना आजमी को चार बार फिल्मफेयर अवार्ड से सम्मानित किया गया है। उन्हें सर्वश्रेष्ठ अभिनेत्री का फिल्म फेयर पुरस्कार दिया गया है। 1978 में स्वामी, 1983 में अर्थ, 1985 में भावना और 1999 में फिल्म "गॉड फादर" के लिए यह पुरस्कार दिया गया था। साल 1988 में शबाना आजमी को पद्मश्री से भी सम्मानित किया जा चुका है।

उम्र के इस पड़ाव पर भी उनकी ऊर्जा, उनकी सकारात्मक सोच और उनकी रचनात्मकता उन महिलाओं के लिए प्रेरणास्रोत है जो उपलब्धियों के आसमान को छूना चाहती हैं।

20

गुरु दत्त
Guru Dutt

गुरु दत्त

गुरु दत्त का जन्म 9 जुलाई, 1925 को बंगलौर को शिवशंकर राव पादुकोणे और वसन्ती पादुकोणे के यहाँ हुआ था। उनके माता–पिता कोंकण के चित्रपुर सारस्वत ब्राह्मण थे। उनके पिता शुरुआत के दिनों में एक विद्यालय के हेडमास्टर थे जो बाद में एक बैंक के मुलाजिम हो गये। माँ एक साधारण गृहिणीं थी जो बाद में किसी स्कूल में अध्यापिका हो गयीं। गुरु दत्त जब पैदा हुए उनकी माँ की आयु सोलह वर्ष की थी। वसन्ती घर पर प्राइवेट ट्यूशन के अलावा बंगाली उपन्यासों का कन्नड़ भाषा में अनुवाद भी करती थीं।

गुरु दत्त ने अपने बचपन के शुरुआती दिन कलकत्ता में गुजारे। वह कलकत्ता जिसे आजकल कोलकाता कहा जाता है। उन पर बंगाली संस्कृति की इतनी गहरी छाप पड़ी कि उन्होंने अपने बचपन का नाम वसन्त कुमार शिवशंकर पादुकोणे से बदलकर गुरु दत्त रख लिया।

प्रारम्भिक प्रेरणा

गुरु दत्त की दादी नित्य शाम को दिया जलाकर आरती करतीं और गरु दत्त

दिये की रौशनी में दीवार पर अपनी उँगलियों की विभिन्न मुद्राओं से तरह तरह के चित्र बनाता रहता। यहीं से उसके मन में कला के प्रति संस्कार जागृत हुए। उनकी यह कला परवान चढ़ी और उसे सारस्वत ब्राह्मणों के एक सामाजिक कार्यक्रम में पाँच रुपये का नकद पारितोषक प्राप्त हुआ।

जब गुरु दत्त 16 वर्ष के थे उन्होंने 1941 में पूरे पाँच साल के लिये 75 रुपये वार्षिक छात्रवृत्ति पर अल्मोड़ा जाकर नृत्य, नाटक व संगीत की तालीम लेनी शुरू। 1944 में जब द्वितीय विश्वयुद्ध के कारण उदय शंकर इण्डिया कल्चर सेण्टर बन्द हो गया और गुरु दत्त वापस अपने घर लौट आये। यद्यपि आर्थिक कठिनाइयों के कारण वे स्कूल जाकर अध्ययन तो न कर सके परन्तु रवि शंकर के अग्रज उदय शंकर की संगत में रहकर कला व संगीत के कई गुण अवश्य सीख लिये। यही गुण आगे चलकर कलात्मक फिल्मों के निर्माण में उनके लिये सहायक सिद्ध हुए।

फिल्मी सफर

गुरु दत्त ने पहले कुछ समय कलकत्ता जाकर लीवर ब्रदर्स फैक्ट्री में टेलीफोन ऑपरेटर की नौकरी की लेकिन जल्द ही वे वहाँ से इस्तीफा देकर 1944 में अपने माता पिता के पास बम्बई लौट आये। उनके चाचा ने उन्हें प्रभात फिल्म कम्पनी पूना तीन साल के अनुबन्ध के तहत फिल्म में काम करने भेज दिया। वहीं सुप्रसिद्ध फिल्म निर्माता वी० शान्ताराम ने कला मन्दिर के नाम से अपना स्टूडियो खोल रखा था। यहीं रहते हुए गुरु दत्त की मुलाकात फिल्म अभिनेता रहमान और देव आनन्द से हुई जो आगे जाकर उनके बहुत अच्छे मित्र बन गये।

उन्हें पूना में सबसे पहले 1944 में **चाँद** नामक फिल्म में श्रीकृष्ण की एक छोटी सी भूमिका मिली। 1945 में अभिनय के साथ ही फिल्म निर्देशक विश्राम बेडेकर के सहायक का काम भी देखते थे। 1946 में उन्होंने एक अन्य सहायक निर्देशक पी.एल. संतोषी की फिल्म हम एक हैं के लिये नृत्य निर्देशन का काम किया।

कोरियोग्राफर से लेकर अभिनेता, निर्देशक तक

गुरु दत्त को **प्रभात** फिल्म कम्पनी ने बतौर एक कोरियोग्राफर के रूप में काम

पर रखा था लेकिन उन पर जल्द ही एक अभिनेता के रूप में काम करने का दवाव डाला गया। और केवल यही नहीं, एक सहायक निर्देशक के रूप में भी उनसे काम लिया गया। प्रभात में काम करते हुए उन्होंने देव आनन्द और रहमान से अपने सम्बन्ध बना लिये जो दोनों ही आगे चलकर अच्छे सितारों के रूप में मशहूर हुए। उन दोनों की दोस्ती ने गुरु दत्त को फिल्मी दुनिया में अपनी जगह बनाने में काफी मदद की।

प्रभात के 1947 में विफल हो जाने के बाद गुरु दत्त बम्बई आ गये। वहाँ उन्होंने अमिय चक्रवर्ती और ज्ञान मुखर्जी नामक अपने समय के दो अग्रणी निर्देशकों के साथ काम किया। अमिय चक्रवर्ती की फिल्म गर्ल्स स्कूल में और ज्ञान मुखर्जी के साथ बॉम्बे टॉकीज की फिल्म संग्राम में। बम्बई में ही उन्हें देव आनन्द की पहली फिल्म के लिये निर्देशक के रूप में काम करने की पेशकश की गयी। देव आनन्द ने उन्हें अपनी नई कम्पनी नवकेतन में एक निर्देशक के रूप में अवसर दिया था किन्तु दुर्भाग्य से यह फिल्म फ्लॉप हो गयी। इस प्रकार गुरु दत्त द्वारा निर्देशित पहली फिल्म थी नवकेतन के बैनर तले बनी बाजी जो 1951 में प्रदर्शित हुई।

मृत्यु

10 अक्टूबर, 1964 की सुबह को गुरु दत्त पेढर रोड बॉम्बे में अपने बेड रूम में मृत पाये गये। ऐसा कहा जाता है कि उन्होंने पहले खूब शराब पी उसके बाद ढेर सारी नींद की गोलियाँ खा लीं। यही दुर्घटना उनकी मौत का कारण बनी। इससे पूर्व भी उन्होंने दो बार आत्महत्या का प्रयास किया था। आखिरकार तीसरे प्रयास ने उनकी जान ले ली।

21

होमी जहांगीर भाभा

Homi Jahangir Bhabha

होमी जहांगीर भाभा

होमी जहांगीर भाभा (30 अक्तूबर, 1909 – 24 जनवरी, 1966) भारत के एक प्रमुख वैज्ञानिक और स्वप्नदृष्टा थे जिन्होंने भारत के परमाणु ऊर्जा कार्यक्रम की कल्पना की थी। उन्होंने मुट्ठी भर वैज्ञानिकों की सहायता से मार्च 1944 में नाभिकीय ऊर्जा पर अनुसन्धान आरम्भ किया। उन्होंने नाभिकीय विज्ञान में तब कार्य आरम्भ किया जब इस अभिक्रिया का ज्ञान नहीं के बराबर था और नाभिकीय ऊर्जा से विद्युत उत्पादन की कल्पना को कोई मानने को तैयार नहीं था। उन्हें **आर्किटेक्ट ऑफ इंडियन एटॉमिक एनर्जी प्रोग्राम** भी कहा जाता है। भाभा का जन्म मुम्बई के एक सभ्रांत पारसी परिवार में हुआ था। उनकी कीर्ति सारे संसार में फैली। भारत को परमाणु शक्ति बनाने के मिशन में प्रथम पग के तौर पर उन्होंने 1945 में मूलभूत विज्ञान में उत्कृष्टता के केंद्र 'टाटा इंस्टीट्यूट ऑफ फंडामेंटल रिसर्च' (टीआइएफआर) की स्थापना की। वे ललित कला और संगीत के उत्कृष्ट प्रेमी तथा लोकोपकारी थे। 1947 में भारत सरकार द्वारा गठित परमाणु ऊर्जा आयोग के प्रथम अध्यक्ष नियुक्त हुए। 1953 में जेनेवा में अनुष्ठित विश्व परमाणुविक वैज्ञानिकों के महासम्मेलन में उन्होंने सभापतित्व

किया। भारतीय परमाणु ऊर्जा कार्यक्रम के जनक, का 24 जनवरी सन् 1966 को एक विमान दुर्घटना में दुखद निधन हो गया।

शिक्षा

मुंबई से कैथड्रल और जॉन केनन स्कूल से पढ़ाई की। फिर एल्फिस्टन कॉलेज मुंबई और रोयल इंस्टीट्यूट ऑफ साइंस से बी.एससी. पास किया। भाभा वर्ष 1927 में इंग्लैंड के कैअस कॉलेज, कैंब्रिज इंजीनियरिंग की पढ़ाई करने गए। सन् 1930 में स्नातक उपाधि अर्जित की। सन् 1934 में कैम्ब्रिज विश्वविद्यालय से उन्होंने डॉक्टरेट की उपाधि प्राप्त की। जर्मनी में उन्होंने कास्मिक किरणों पर अध्ययन और प्रयोग किए।

उपलब्धियाँ

मशहूर वैज्ञानिक होमी जहांगीर भाभा और मैनचेस्टर की इंपीरियल कैमिकल कंपनी में काम करने वाले **होमी नौशेरवांजी सेठना**। ये दोनों वैज्ञानिक भारत को परमाणु शक्ति संपन्न बनाने के अपने कार्यक्रम में जुट गए। यह कार्यक्रम मूल रूप से डॉ. भाभा की ही देन था, लेकिन सेठना की वजह से ही डॉ. भाभा के निधन के बावजूद न तो यह कार्यक्रम रुका और न ही इसमें कोई बाधा आई। 1974 में सेठना ने तत्कालीन प्रधानमंत्री इंदिरा गांधी को बताया कि उन्होंने शांतिपूर्ण परमाणु विस्फोट की तैयारियाँ पूरी कर ली हैं और पूछा कि क्या वे इस सिस्टम को शुरू कर सकते हैं? इंदिरा गाँधी की हरी झंडी मिलते ही तैयारियाँ शुरू हो गईं। 18 मई को सेठना ने कोड वर्ड में इंदिरा गाँधी को संदेश भेजा– बुद्ध मुस्कराए। इस विस्फोट से कुछ महाशक्तियाँ और पड़ोसी देश जरूर बैचेन हुए। लेकिन डॉ. सेठना की सोच थी कि हमारा देश परमाणु शक्ति संपन्न हो परन्तु भारत अपने आगे बढ़ने की राह समझौतों से न बनाए।

वे परमाणु ऊर्जा के शांतिपूर्ण उपयोग पर 1958 में संयुक्त राष्ट्र द्वारा जेनेवा में आयोजित अंतरराष्ट्रीय सम्मेलन के उप–सचिव रहे। उन्हें **पद्मश्री, पद्मभूषण** और **पद्मविभूषण** जैसे तमाम बड़े अलंकरणों से नवाजा गया। आज अगर भारत को एक परमाणु शक्ति के रूप में दुनिया भर में मान्यता मिली है, तो इसमें डॉ. भाभा के बाद सबसे ज्यादा योगदान डॉ. सेठना का ही है। डॉक्टर भाभा के नेतृत्व में भारत में एटॉमिक एनर्जी कमीशन की स्थापना की गई।

22

ऐल्बर्ट आइनस्टाइन
Elbert Aainstain

ऐल्बर्ट आइनस्टाइन

अल्बर्ट आइंस्टाइन (जर्मन 14 मार्च 1879 – 18 अप्रैल 1955) एक सैद्धांतिक भौतिकविद् थे। वे सापेक्षता के सिद्धांत और द्रव्यमान–ऊर्जा समीकरण के लिए जाने जाते हैं। उन्हें सैद्धांतिक भौतिकी, खासकर प्रकाश–विद्युत ऊत्सर्जन की खोज के लिए 1921 में नोबेल पुरस्कार प्रदान किया गया।

आइंसटाइन ने सापेक्षता के विशेष और सामान्य सिद्धांत सहित कई योगदान दिए। उनके अन्य योगदानों में– सापेक्ष ब्रह्मांड, कोशकीय गति, क्रांतिक उपच्छाया, सांख्यिक मैकेनिक्स की समस्या, अणुओं का ब्राउनियन गति, अणुओं की उत्परिवर्त्तन संभाव्यता, एक अणु वाले गैस का क्वांटम सिद्धांतम, कम विकिरण घनत्व वाले प्रकाश के ऊष्मीय गुण, विकिरण के सिद्धांत, एकीक्रीत क्षेत्र सिद्धांत और भौतिकी का ज्यामितीकरण शामिल है।

आइंसटाइन ने पचास से अधिक शोध–पत्र और विज्ञान से अलग किताबें लिखीं। 1999 में 'टाइम' पत्रिका ने शताब्दी–पुरूष घोषित किया। एक सर्वेक्षण के अनुसार वे सार्वकालिक महानतम वैज्ञानिक माने गए। आइंसटाइन शब्द बुद्धिमान का पर्याय माना जाता है।

बचपन और शिक्षा

अल्बर्ट आइंस्टाइन का जन्म जर्मनी में वुटेमबर्ग के एक यहूदी परिवार में हुआ। उनके पिता एक इंजीनियर और सेल्समैन थे। उनकी माँ पौलीन आइंस्टाइन थी। हालांकि आइंस्टाइन को शुरू–शुरू में बोलने में कठिनाई होती थी, लेकिन वे पढाई में अव्वल थे। उनकी मात्रभाषा जर्मनी थी और बाद में उन्होंने इटालियन और अंग्रेज़ी सीखी।

1880 में उनका परिवार म्यूनिख शहर चला गया जहाँ उनके पिता और चाचा ने Elektrotechnische Fabrik J- Einstein – CIE नामक कम्पनी खोली। ये कम्पनी बिजली के उपकरण बनाती थी और इसने म्यूनिख के वजवइमतमिज मेले में पहली बार रोशनी का इन्तजाम भी किया था। उनका परिवार यहूदी धार्मिक परम्पराओं को नहीं मानता, और आइनस्टाइन कैथोलिक विद्यालय में पढ़ने गये। अपनी माँ के कहने पर उन्होंने सारंगी बजाना सीखा। उन्हें ये पसन्द नहीं था और बाद में इसे छोड़ भी दिया, लेकिन बाद में उन्हें मोजार्ट के सारंगी संगीत में बहुत आनन्द आता था।

1893 में अल्बर्ट आइंस्टीन (आयु 14 वर्ष)

हर्मन आइंस्टीन के बेटे पांच से दस साल की उम्र तक एक कैथोलिक प्राथमिक स्कूल में पढ़े। आइंस्टीन ने मजे के लिए मॉडल और यांत्रिक उपकरणों का निर्माण किया और गणित में प्रतिभा दिखाना भी शुरू किया। 1889 मैक्स तल्मूड ने दस वर्षीय आइंस्टीन को विज्ञान के महत्वपूर्ण ग्रंथों से परिचय कराया। तल्मूड एक गरीब यहूदी मेडिकल छात्र था। यहूदी समुदाय ने तल्मूड को छह साल के लिए प्रत्येक गुरुवार को आइंस्टीन के साथ भोजन करने की व्यवस्था की। इस समय के दौरान तल्मूड पूरे दिल से कई धर्मनिरपेक्ष शैक्षिक हितों के माध्यम से आइंस्टीन निर्देशित करता।

23

जगदीश चन्द्र बसु
Jagdish Chandra Basu

जगदीश चन्द्र बसु

डॉ. (सर) जगदीश चन्द्र बसु (30 नवंबर, 1858 – 23 नवंबर, 1937) भारत के प्रसिद्ध वैज्ञानिक थे जिन्हें भौतिकी, जीवविज्ञान, वनस्पति विज्ञान तथा पुरातत्व का गहरा ज्ञान था और उन्होंने रेडियो और सूक्ष्म तरंगों की प्रकाशिकी पर कार्य किया। वनस्पति विज्ञान में उन्होनें कई महत्त्वपूर्ण खोजें की। साथ ही वे भारत के पहले वैज्ञानिक शोधकर्त्ता थे जिन्होंने एक अमरीकन पेटेंट प्राप्त किया। उन्हें रेडियो विज्ञान का जनक माना जाता है। वे विज्ञान कथाएँ भी लिखते थे, और उन्हें बंगाली **विज्ञान कथा–साहित्य** का जनक भी माना जाता है।

जीवन-परिचय और शिक्षा

बसु का जन्म बंगाल (अब बांग्लादेश) में मेमनसिंह में हुआ था। उनके पिता भगवान चन्द्र बसु ब्रह्म समाज के नेता थे।

बसु की शिक्षा एक बांग्ला विद्यालय में प्रारंभ हुई। बसु ने सेन्ट जैवियर महाविद्यालय, कलकत्ता से स्नातक की उपाधि प्राप्त की। फिर लंदन विश्वविद्यालय में चिकित्सा की शिक्षा लेने गए, लेकिन स्वास्थ्य की समस्याओं के कारण शिक्षा बीच में ही छोड़ भारत वापिस आकर प्रेसिडेंसी महाविद्यालय में भौतिकी के प्राध्यापक का पद संभाला और जातिगत भेदभाव का सामना करते हुए भी बहुत से महत्त्वपूर्ण वैज्ञानिक प्रयोग किये। इन्होंने बेतार के संकेत भेजने में असाधारण प्रगति की और सबसे पहले रेडियो संदेशों को पकड़ने के लिए अर्धचालकों का प्रयोग करना शुरु किया। इसके बाद इन्होंने वनस्पति जीवविद्या में अनेक खोजें की। इन्होंने एक यन्त्र **क्रेस्कोग्राफ** का आविष्कार किया और इससे विभिन्न उत्तेजकों के प्रति पौधों की प्रतिक्रिया का अध्ययन किया और सिद्ध किया कि वनस्पतियों और पशुओं के ऊतकों में काफी समानता है।

बोस ने माइक्रोवेव अनुसंधान द्वारा तरंग दैर्ध्य को मिलीमीटर स्तर पर ला दिया। कोलकाता में नवम्बर 1894 के एक (या 1895) सार्वजनिक प्रदर्शन के दौरान, बोस ने एक मिलीमीटर रेंज माइक्रोवेव तरंग का उपयोग बारूद दूरी पर प्रज्वलित करने और घंटी बजाने में किया। बोस ने एक बंगाली निबंध, अदृश्य आलोक में लिखा था, अदृश्य प्रकाश आसानी से ईट की दीवारों, भवनों आदि के भीतर से जा सकता है, इसलिए तार के बिना प्रकाश के माध्यम से संदेश संचारित हो सकता है।

24

श्रीनिवास रामानुजन
Srinivas Ramanujan

श्रीनिवास रामानुजन

श्रीनिवास रामानुजन् इयंगर (22 दिसम्बर, 1887 – 26 अप्रैल, 1920) एक महान भारतीय गणितज्ञ थे। इन्हें आधुनिक काल के महानतम गणित विचारकों में गिना जाता है। इन्होंने अपने प्रतिभा और लगन से न केवल गणित के क्षेत्र में अद्‌भुत आविष्कार किए वरन भारत को अतुलनीय गौरव भी प्रदान किया।

आरंभिक जीवनकाल

रामानुजन का जन्म 22 दिसम्बर, 1887 को भारत के दक्षिणी भूभाग में स्थित कोयंबटूर के ईरोड नामक गाँव में हुआ था। ब्राह्मण परिवार में जन्मे रामानुजन की माता का नाम कोमलताम्मल और इनके पिता का नाम श्रीनिवास अय्यंगर था। इनका बचपन मुख्यतः कुंभकोणम में बीता था। रामानुजन ने दस वर्षों की आयु में प्राइमरी परीक्षा में पूरे जिले में सबसे अधिक अंक प्राप्त किया और आगे की शिक्षा के लिए टाउन हाईस्कूल पहुँचे। हाईस्कूल की परीक्षा उत्तीर्ण करने के बाद इन्हें गणित और अंग्रेज़ी में अच्छे अंक लाने के कारण **'सुब्रमण्यम'** छात्रवृत्ति मिली और आगे कालेज की शिक्षा के लिए प्रवेश भी

विवाह और गणित साधना

वर्ष 1908 में इनके माता–पिता ने इनका विवाह जानकी नामक कन्या से कर दिया। विवाह हो जाने के बाद वे नौकरी की तलाश में मद्रास आए। किसी के कहने पर रामानुजन वहाँ के डिप्टी कलेक्टर श्री वी. रामास्वामी अय्यर से मिले। अय्यर गणित के बहुत बड़े विद्वान थे। श्री अय्यर ने रामानुजन की प्रतिभा को पहचाना और जिलाधिकारी श्री रामचंद्र राव से कह कर इनके लिए 25 रूपये मासिक छात्रवृत्ति का प्रबंध भी कर दिया। रामानुजन ने अपना प्रथम शोधपत्र प्रकाशित किया। जिसका शीर्षक था– **'बरनौली संख्याओं के कुछ गुण'** और यह शोध पत्र **'जर्नल ऑफ इंडियन मैथेमेटिकल सोसाइटी'** में प्रकाशित हुआ था।

रामानुजन की कार्यशैली और शोध

उनका वह पुराना रजिस्टर जिस पर वे अपने प्रमेय और सूत्रों को लिखा करते थे 1976 में अचानक ट्रिनीटी कॉलेज के पुस्तकालय में मिला। करीब एक सौ पन्नों के इस रजिस्टर को बाद में **'रामानुजन की नोट बुक'** के नाम से जाना गया।

मृत्यु

26 अप्रैल, 1920 के प्रातः काल में वे अचेत हो गए और दोपहर होते–होते उन्होंने प्राण त्याग दिए। इस समय रामानुजन की आयु मात्र 33 वर्ष थी। इनका असमय निधन गणित जगत के लिए अपूरणीय क्षति था। पूरे देश–विदेश में जिसने भी रामानुजन की मृत्यु का समाचार सुना, वही स्तब्ध हो गया।

25

लक्ष्मी मित्तल
Lakshmi Mittal

लक्ष्मी मित्तल

लक्ष्मी निवास मित्तल (जन्म 15 जून, 1950) लंदन में बसे भारतीय मूल के उद्योगपति हैं। उनका जन्म राजस्थान के चूरु जिले के शादूलपुर नामक स्थान में हुआ है।

वे दुनिया के सबसे धनी भारतीय, ब्रिटेन के सबसे धनी एशियाई और विश्व के 5वें सबसे धनी व्यक्ति हैं। मित्तल एल.एन.एम. नामक उद्योग समूह के मालिक हैं। इस समूह का सबसे बड़ा व्यवसाय इस्पात क्षेत्र में है।

शिक्षा

1957 से 1964 तक मित्तल ने श्री दौलतराम नौपानी विद्यालय से शिक्षा प्राप्त की। उन्होंने वाणिज्य में स्नातक डिग्री 'सेंट ज़ेवियर कॉलेज, कोलकता से ग्रहण की।

जीवन–परिचय

मित्तल ने अपने कैरियर की शुरूआत भारत में इस्पात निर्माण व्यवसाय से की। इस्पात और संबंधित उद्योगों में काम का अनुभव 30 साल से अधिक है।

मित्तल 1976 में मित्तल स्टील कंपनी (पूर्व एल.एन.एम. समूह) की स्थापना की है और अपने कारोबार के विकास के लिए जिम्मेदारी से कार्य भी किया। मित्तल स्टील के 14 देशों में परिचालन के साथ एक वैश्विक इस्पात उत्पादक भी हैं। लक्ष्मी मित्तल की पत्नी का नाम उषा मित्तल है। उन्हें दो संतान हैं वनीशा ओर आदितय मित्तल। भारत सरकार ने उन्हें पदमविभूषण, पदमश्री आदि सम्मान प्रदान किये हैं। फोबस पत्रीका ने 2011 में विश्व का छठा अमीर आदमी घोषित किया था। लक्ष्मी मित्तल ने Cork में स्थित आइरिस स्टील प्लान्ट भी खरीद रखा है। आज उनकी 'कम्पनी 421 मिलियन टन स्टील प्रति वर्ष बनाती है। वर्तमान घर लक्ष्मी मित्तल ने US $128 मिलियन में खरीदा है जो सबसे महंगा घर है। इस घर को ताज मित्तल, का नाम दिया गया है।

मित्तल एक सक्रिय परोपकारी और कुछ ट्रस्टों के एक सदस्य है। मित्तल कजाखस्तान, दक्षिण अफ्रीका में अंतरराष्ट्रीय निवेश परिषद, विश्व आर्थिक मंच की अंतराष्ट्रीय व्यापार परिषद और अंतरराष्ट्रीय आयरन और स्टील संस्थान की कार्यकारी समिति में विदेशी निवेश की परिषद के एक सदस्य हैं। लक्ष्मी मित्तल ने 2004 में 40 मिलियन पाउन्ड के खर्चे पर अपनी बेटी की शादी की थी तथा हाल ही में उनके भाई ने भी इसी भाँति अपनी बेटी की शादी में खर्च किया है।

26

मुकेश अंबानी

Mukesh Ambani

मुकेश अंबानी

मुकेश अंबानी (जन्म 19 अप्रैल, 1957 में यमन में) एक भारतीय व्यवसायी हैं और लगभग 43 अरब डॉलर की निजी सम्पत्ति के साथ दुनिया के पाँचवें सबसे अमीर आदमी हैं। वे रिलायंस इंडस्ट्रीज के अध्यक्ष, प्रबंध निदेशक और कंपनी के सबसे बडे शेयरधारक हैं। इनकी पत्नी का नाम नीता अम्बानी है और आकाश, ईशा, अनन्त तीन संतान हैं।

शिक्षा

मुकेश अम्बानी की स्कूली शिक्षा अबाय मोरिस्चा स्कूल मुंबई में हुई तथा कैमिकल इंजीनियरिंग में स्नातक की डिग्री प्राप्त की है। बाद में मुकेश एमबीए करने स्टैनफोर्ड विश्वविद्यालय गए किन्तु पहले वर्ष के बाद ही पढ़ाई छोड़ दी।

कैरियर

मुकेश अम्बानी ने 1981 में रिलायंस में काम संभाला और रिलायंस के पुराने ढर्रे के टेक्सटाइल कारोबार को पॉलिएस्टर फाइबर और फिर पेट्रोकेमिकल में

आगे बढाया। उन्होंने 60 नयी, विश्व स्तर की, विभिन्न तकनीकों से युक्त निर्माण सुविधाओं की रचना को निर्देशित किया।

उन्होंने जामनगर (गुजरात, भारत) में बुनियादी स्तर की विश्व की सबसे बड़ी पेट्रोलियम रिफायनरी की स्थापना की।

मुकेश अम्बानी ने भारत की सबसे बड़ी दूरसंचार कंपनियों में से एक रिलायंस कम्युनिकेशंस (पूर्व में रिलायंस इंफोकॉम) लिमिटेड को स्थापित किया।

परिवार

मुकेश अंबानी भारत के सबसे प्रखर उद्योगपति स्वर्गीय धीरूभाई अंबानी के पुत्र हैं। धीरूभाई अंबानी एक भारतीय उद्यमी एवं रिलायंस इंडस्ट्रीज के संस्थापक थे। इनके भाई अनिल अम्बानी रिलायंस अनिल धीरूभाई अम्बानी समूह के प्रमुख हैं। यह समूह दूरसंचार, बिजली, प्राकृतिक संसाधनों, बुनियादी सुविधाओं और वित्तीय सेवाओं के क्षेत्र में काम करता है। पिता की मृत्यु के बाद दोनों भाईयों में अति प्रचारित कहा–सुनी हुयी, जिसके बाद रिलायंस समूह दो भागों में विभाजित हो गया। मुकेश अम्बानी की पत्नी नीता अम्बानी रिलायंस इंडस्ट्रीज के सामाजिक एवं धर्मार्थ कार्यों को देखती हैं।

27

धीरुभाई अंबानी

Dhirubhai Ambani

धीरूभाई अंबानी

धीरजलाल हीरालाल अंबानी जिन्हें धीरुभाई भी कहा जाता है। इनका जन्म 28 दिसंबर, 1932, को जूनागढ़ (जोकि अब भारत के गुजरात राज्य में है) चोरवाड़ में हिराचंद गोर्धनभाई अंबानी और जमनाबेन, के बहुत ही सामान्य मोध बनिया परिवार में हुआ था। वे एक शिक्षक के दूसरे बेटे थे। कहा जाता है कि धीरुभाई अंबानी ने अपना उद्योग व्यवसाय सप्ताहांत, में गिरनार की पहाड़ियों पर तीर्थयात्रियों को पकौड़े बेच कर किया था।

उनका कोकिलाबेन के साथ विवाह हुआ था और उनको दो बेटे हैं मुकेश अंबानी और अनिल अंबानी और दो बेटियाँ नीना कोठारी और दीप्ति सल्गाओकर।

रिलायंस वाणिज्यिक निगम

1952 में, धीरुभाई ने मात्रा 15 हजार की पूंजी के साथ रिलायंस वाणिज्यिक निगम की शुरुआत की। रिलायंस वाणिज्यिक निगम का प्राथमिक व्यवसाय पोलियस्टर के सूत का आयात और मसालों का निर्यात करना था।

उन्होंने अपने दूसरे चचेरे भाई चंपकलाल दिमानी, जो उनके साथ ही एडन, यमन में रहा करते थे, के साथ साझेदारी में व्यवसाय शुरू किया।

रिलायंस वाणिज्यिक निगम का पहला कार्यालय मस्जिद बन्दर के नर्सिनाथ सड़क पर स्थापित हुआ। आरंभ में, उनके व्यवसाय में मदद के लिए दो सहायक थे। 1955 में, चंपकलाल दिमानी और धीरुभाई अंबानी की साझेदारी खत्म हो गयी और धीरुभाई ने स्वयं शुरुआत की। 1960 तक अंबानी की कुल धनराशि 10 लाख रूपये आंकी गयी।

रिल्यांस टेक्सटाइल्स

वस्त्र व्यवसाय में अच्छे अवसर का बोध होने के कारण, धीरुभाई ने 1966 में अहमदाबाद, नैरोड़ा में कपड़ा मिल की शुरुआत की। पोलियस्टर के रेशोंवसुतों का इस्तेमाल करके वस्त्र का निर्माण किया गया। धीरुभाई ने विमल ब्रांड की शुरुआत की। 1975 में विश्व बैंक के एक तकनीकी मंडली ने रिलायंस टेक्सटाइल्स निर्माण इकाई का दौरा किया। इकाई की खासियत यह थी कि इसे उस समय में विकसित देशों के मानकों से भी उत्कृष्ट माना गया।

मृत्यु

एक बड़े सदमें के बाद धीरुभाई अंबानी को मुंबई के ब्रेच कैंडी अस्पताल में 24 जून, 2002 को भर्ती किया गया। उन्होंने 6 जुलाई 2002, रात के 11:50 के आसपास अपनी अन्तिम सांसें लीं। उनके अन्तिम संस्कार में न केवल व्यापारियों, राजनीतिज्ञों और मशहूर हस्तियों ने शिरकत की वरन हजारों आम लोगों ने भी भाग लिया।

28

घनश्यामदास बिड़ला

G.D. Birla

घनश्यामदास बिड़ला

घनश्यामदास बिड़ला क जन्म 10 अप्रैल, 1894 पिलानी, राजस्थान में हुआ था। वे भारत के अग्रणी औद्योगिक समूह बी. के. के. एम. बिड़ला समूह के संस्थापक थे। इस समूह का मुख्य व्यवसाय कपड़ा, विस्कोस फिलामेंट यार्न, सीमेंट, रासायनिक पदार्थ, बिजली, उर्वरक, दूरसंचार, वित्तीय सेवा और एल्युमिनियम क्षेत्र में है, जब कि अग्रणी कंपनियाँ ग्रासिम इंडस्ट्रीज और सेंचुरी टेक्सटाइल हैं। ये स्वाधीनता सेनानी भी थे तथा बिड़ला परिवार के एक प्रभावशाली सदस्य थे। वे गाँधीजी के मित्र, सलाहकार, प्रशंसक एवं सहयोगी थे। भारत सरकार ने सन् 1957 में उन्हें **'पद्म विभूषण'** की उपाधि से सम्मानित किया। घनश्याम दास बिड़ला का निधन 11 जून, 1983 ई. को लन्दन में हुआ था।

जीवन–परिचय

एक स्थानीय गुरु से अंकगणित तथा हिन्दी की आरंभिक शिक्षा प्राप्त करने के बाद अपने पिता बी.डी. बिड़ला की प्रेरणा और सहयोग से घनश्याम दास बिड़ला ने कलकत्ता (वर्तमान कोलकाता) में व्यापार जगत में प्रवेश किया।

1912 में किशोरावस्था में ही घनश्याम दास बिड़ला ने दलाली का व्यवसाय शुरू कर दिया। 1918 में घनश्याम दास बिड़ला ने 'बिड़ला ब्रदर्स लिमिटेड' की स्थापना की। कुछ ही समय बाद घनश्याम दास बिड़ला ने दिल्ली की एक पुरानी कपड़ा मिल खरीद ली, उद्योगपति के रूप में यह घनश्याम दास बिड़ला का पहला अनुभव था। 1919 में घनश्याम दास बिड़ला ने जूट उद्योग में भी कदम रखा। 1921 में ग्वालियर में कपड़ा मिल की स्थापना की और 1923 से 1924 में उन्होंने 'केसोराम कॉटन मिल्स' खरीद ली। सन् 1926 में वे 'सेंट्रल लेजिस्लेटिव असेंबली' के लिए चुने गए। ये 1928 ई. में पूंजीपति संगठन 'भारतीय वाणिज्य उद्योग महामण्डल' के अध्यक्ष बने।

कार्य

30 वर्ष की आयु तक घनश्याम दास बिड़ला का औद्योगिक साम्राज्य अपनी जड़ें जमा चुका था। उन्होंने अपने पैत्रक स्थान पिलानी में भारत के सर्वश्रेष्ठ निजी तकनीकी संस्थान बिरला प्रौद्योगिकी एवं विज्ञान संस्थान पिलानी की स्थापना की। इसके अलावा 'हिन्दुस्तान टाइम्स' एवं 'हिन्दुस्तान मोटर्स' (सन् 1942) की नींव डाली। सन् 1927 में 'इण्डियन चैम्बर आफ कामर्स एंड इन्डस्ट्री' की स्थापना की। इन्होंने सविनय अवज्ञा आन्दोलन का समर्थन किया और राष्ट्रीय आन्दोलन के लिए आर्थिक सहायता दी। इन्होंने सामाजिक कुरीतियों का भी विरोध किया तथा 1932 ई. में हरिजन सेवक संघ के अध्यक्ष भी बने।

बिड़ला परिवार

बिड़ला परिवार भारत के सबसे बड़े व्यावसायिक एवं औद्योगिक परिवारों में से एक है। इस परिवार के अधीन वस्त्र उद्योग, आटोमोबाइल्स, सूचना प्रौद्योगिकी आदि हैं। बिड़ला परिवार ने भारत के स्वतंत्रता संग्राम का नैतिक एवं आर्थिक रूप से समर्थन किया।

29

जे.आर.डी. टाटा
J.R.D. Tata

जे.आर.डी. टाटा

भारतीय उद्योग जगत के प्रमुख स्तंभ जे.आर.डी. टाटा बहुमुखी प्रतिभा के धनी उद्यमी थे तथा भारतीय कंपनी जगत में उन्हें कार्पोरेट गवर्नेस और सामाजिक दायित्व की परिकल्पनाओं को पहली बार लागू करने वाले उद्योगपति के रूप में जाना जाता है।

जे.आर.डी. के नाम से मशहूर जहांगीर रतनजी दादाभाई टाटा ने कर्मचारियों के कल्याण के उद्देश्य से कई ऐसी योजनाएं शुरू कीं जिन्हें बाद में भारत सरकार ने कानूनी मान्यता देते हुए अपना लिया।

टाटा समूह ने जेआरडी के कुशल नेतृत्व में आठ घंटे का कार्यदिवस, निशुल्क चिकित्सा सहायता, कर्मचारी भविष्य निधि योजना और कामगार दुर्घटना मुआवजा योजना जैसी सामाजिक दायित्व वाली कई योजनाओं को देश में पहली बार शुरू किया।

जीवन–परिचय

जे.आर.डी. का जन्म 29 जुलाई, 1904 को फ्रांस में हुआ। उनके पिता पारसी और माँ फ्रांसीसी थीं। जे.आर.डी. के पिता और जमशेदजी टाटा एक ही खानदान के थे। जेआरडी ने फ्रांस, जापान और इंग्लैंड में शिक्षा ग्रहण की और फ्रांसीसी सेना में एक वर्ष का अनिवार्य सैन्य प्रशिक्षण लिया।

कार्य

वर्ष 1925 में बिना वेतन वाले प्रशिक्षु के रूप में टाटा एंड सन्स में काम शुरू किया। उन्हें देश का पहला पायलट होने का भी गौरव प्राप्त है। उन्होंने टाटा एयरलाइंस बनाने में महत्वपूर्ण भूमिका निभाई जो बाद में एयर इंडिया बनी। उन्होंने विमान उड़ाने के शौक को 1932 में टाटा एविएशन सर्विस कायम कर पूरा किया। 34 वर्ष की उम्र में जे.आर.डी. टाटा एंड संस के अध्यक्ष चुने गए।

उन्होंने 1948 में एयर इंडिया इंटरनेशनल की भारत की पहली अंतरराष्ट्रीय एयरलाइन की शुरूआत की। 1953 में भारत सरकार ने जे.आर.डी. को एयर इंडिया का अध्यक्ष बनाया।

कर्मचारियों के हितों का बेहद ध्यान रखने वाले जे.आर.डी. के नेतृत्व में टाटा स्टील ने एक नई परिकल्पना शुरू की। इसके तहत यदि कार्यस्थल आते जाते समय कामगार के साथ कोई दुर्घटना होती है तो कंपनी इसके लिए वित्तीय रूप से जिम्मेदार होगी।

जे.आर.डी. को विभिन्न पुरस्कारों से सम्मानित किया गया। भारत सरकार ने उन्हें 1957 में **पद्म विभूषण** से सम्मानित किया। बाद में 1992 में उन्हें देश के सर्वोच्च नागरिक सम्मान **भारत रत्न** से सम्मानित किया गया।

भारत के इस विख्यात उद्योगपति का 29 नवंबर, 1993 को जिनेवा के एक अस्पताल में निधन हो गया।

30

रतन नवल टाटा

Ratan Nawal Tata

रतन नवल टाटा

रतन नवल टाटा (28 दिसंबर 1937, को मुम्बई, में जन्में) टाटा समुह के वर्तमान अध्यक्ष, जो भारत की सबसे बड़ी व्यापारिक समूह है, जिसकी स्थापना जमशेदजी टाटा ने की और उनके परिवार की पीढ़ियों ने इसका विस्तार किया और इसे दृढ़ बनाया।

1977 में रतन को म्उचतमे डपससे सौंपा गया, यह टाटा नियंत्रित कपड़ा मिल थी। जब उन्होंने कम्पनी का कार्य भार संभाला, यह टाटा समुह की बीमार इकाइयों में से एक थी। रतन ने इसे संभाला और यहाँ तक की एक लाभांश की घोषणा कर दी। चूँकि कम श्रम गहन उद्यमों की प्रतियोगिता ने इम्प्रेस जैसी कई उन कंपनियों को अलाभकारी बना दिया, जिनकी श्रमिक संख्या बहुत ज्यादा थी और जिन्होंने आधुनिकीकरण पर बहुत कम खर्च किया था रतन के आग्रह पर, कुछ निवेश किया गया, लेकिन यह पर्याप्त नहीं था। चूंकि मोटे और मध्यम सूती कपड़े के लिए बाजार प्रतिकूल था (जो कि एम्प्रेस का कुल उत्पादन था), एम्प्रेस को भारी नुकसान होने लगा। बॉम्बे हाउस, टाटा मुख्यालय, अन्य ग्रुप कंपनिओं से फंड को हटाकर ऐसे उपक्रम में लगाने का इच्छुक नहीं था, जिसे लंबे समय तक देखभाल की आवश्यकता हो। इसलिए, कुछ टाटा निर्देशकों,

मुख्यतः नानी पालखीवाला (Nani Palkhivala) ने ये फैसला लिया कि टाटा को मिल समाप्त कर देनी चाहिए, जिसे अंत में 1986 में बंद कर दिया गया। रतन इस फैसले से बेहद निराश थे, और बाद में हिन्दुस्तान टाइम्स के साथ एक साक्षात्कार में उन्होंने दावा किया कि एम्प्रेस को मिल जारी रखने के लिए सिर्फ 50 लाख रुपये की जरुरत थी।

वर्ष 1981 में रतन टाटा इंडसट्रीज और समूह की अन्य होल्डिंग कंपनियों के अध्यक्ष बनाए गए, जहाँ वे समूह के कार्यनीतिक विचार समूह को रूपांतरित करने के लिए उत्तरदायी तथा उच्च प्रौद्योगिकी व्यापारों में नए उद्यमों के प्रवर्तक थे।

1991 में उन्होंने जे.आर.डी. से ग्रुप चेयरमेन का कार्य भार संभाला। टाटा ने पुराने गार्डों को बहार निकाल दिया और युवा प्रबंधकों को जिम्मेदारियां दी गयीं। तब से लेकर, उन्होंने, टाटा ग्रुप के आकार को ही बदल दिया है, जो आज भारतीय शेयर बाजार में किसी भी अन्य व्यापारिक उद्यम से अधिक बाजार पूँजी रखता है।

रतन के मार्गदर्शन में, टाटा कंसलटेंसी सर्विसेस सार्वजनिक निगम बनी और टाटा मोटर्स न्यूयॉर्क स्टॉक एक्सचेंज में सूचीबद्ध हुई। 1998 में टाटा मोटर्स ने उनके संकल्पित टाटा इंडिका को बाजार में उतारा।

31 जनवरी 2007 को, रतन टाटा की अध्यक्षता में, टाटा संस ने कोरस समूह को सफलतापूर्वक अधिग्रहित किया, जो एक एंग्लो–डच एल्यूमीनियम और इस्पात निर्माता है। इस अधिग्रहण के साथ रतन टाटा भारतीय व्यापार जगत में एक प्रतिष्ठित व्यक्ति बन गये। इस विलय के फलस्वरुप दुनिया को पांचवां सबसे बड़ा इस्पात उत्पादक संस्थान मिला। रतन टाटा का सपना था कि 1,00,000 रु की लागत की कार बनायी जाए। नई दिल्ली में ऑटो एक्सपो में 10 जनवरी, 2007 को इस कार का उदघाटन कर के उन्होंने अपने सपने को पूर्ण किया। टाटा नैनो के तीन मॉडलों की घोषणा की गई, और रतन टाटा ने सिर्फ 1 लाख रूपये की कीमत की कार बाजार को देने का वादा पूरा किया।

26 मार्च 2008 को रतन टाटा के अधीन टाटा मोटर्स ने फोर्ड मोटर

कंपनी से जगुआर और लैंड रोवर को खरीद लिया। ब्रिटिश विलासिता की प्रतीक, जगुआर और लैंड रोवर (Land Rover) 1.15 अरब पाउंड (+ 2.3 अरब) में खरीदी गई।

निजी जीवन

रतन टाटा एक शर्मीले व्यक्ति हैं, समाज की झूठी चमक दमक में विश्वास नहीं करते हैं, सालों से मुम्बई के कोलाबा जिले में एक किताबों एवं कुत्तों से भरे हुये फ्लैट में रह रहे हैं। रतन टाटा ने अपना नया उत्तराधिकारी चुन लिया है। सायरस मिस्त्री रतन टाटा का स्थान लेंगे लेकिन पूरी तरह उनकी जगह लेने से पहले वो एक साल तक उनके साथ काम किया। दिसंबर 2012 में उन्होंने पूरी तरह समूह की जिम्मेदारी संभाल ली है। पलौनजी मिस्त्री के छोटे बेटे और शपूरजी–पलौनजी के प्रबंध निदेशक सायरस मिस्त्री ने लंदन के इंपीरियल कॉलेज से सिविल इंजीनियरिंग में स्नातक एवं लंदन बिजनेस स्कूल से प्रबंधन में डिग्री ली है। फिलहाल वो टाटा संस की सबसे बड़ी शेयरधारक कंपनी शापूरजी पैलनजी के प्रबंध निदेशक हैं। सायरस 2006 से ही टाटा समूह से जुड़े हैं, मिस्त्री साल 2006 से ही टाटा संस के निदेशक समूह से जुड़े हैं।

31

एन.आर. नारायणमूर्ति
N.R. Narayanmurthy

एन.आर. नारायणमूर्ति

नागवार रामाराव नारायणमूर्ति (जन्म 20 अगस्त, 1946) भारत की प्रसिद्ध सॉफ्टवेयर कंपनी इन्फोसिस टेक्नोलॉजीज के संस्थाप्क और जाने माने उद्योगपति हैं। उनका जन्म मैसूर में हुआ। आई.आई.टी. में पढ़ने के लिए वे मैसूर से बैंगलौर आए। जहाँ 1967 में इन्होंने मैसूर विश्वविद्यालय से बैचलर ऑफ इन्जीनियरिंग की उपाधि और 1969 में आई. आई.टी. कानपुर से मास्टर ऑफ टैक्नोलाजी की उपाधि प्राप्त की। नारायणमूर्ति की आर्थिक स्थिति सुदृढ़ न होने के कारण इंजीनियरिंग की पढ़ाई का खर्च उठाने में असमर्थ थे। उनके उन दिनों के सबसे प्रिय शिक्षक मैसूर विश्वविद्यालय के डॉ॰ कृष्णमूर्ति ने नारायण मूर्ति की प्रतिभा को पहचान कर उनकी हर तरह से मदद की। बाद में आर्थिक स्थिति सुदृढ़ हो जाने पर नारायणमूर्ति ने डॉ. कृष्णमूर्ति के नाम पर एक छात्रवृत्ति प्रारंभ करके इस कर्ज को चुकाया।

कार्य–जीवन

अपने कार्यजीवन का आरंभ नारायणमूर्ति ने पाटनी कम्प्यूटर सिस्टम्स (PCS), पूणे से किया। बाद में अपने दोस्त शशिकांत शर्मा और प्रोफेसर कृष्ण्य्या के

साथ 1975 में पुणे में सिस्टम रिसर्च इंस्टीट्यूट की स्थापना की थी। 1981 मे नारायणमूर्ति ने इन्फोसिस कम्पनी की स्थापना की। सभी साथियों की कड़ी मेहनत रंग लाई और 1991 में इन्फोसिस पब्लिक लिमिटेड कम्पनी में परिवर्तित हुई। 1999 में कम्पनी ने उत्कृष्टता और गुणवत्ता का प्रतीक SEI&CMM हासिल किया। 1999 में कंपनी ने एक नया इतिहास रचा जब इसके शेयर अमरीकी शेयर बाजार NASDAQ में रजिस्टर हुए। नारायणमूर्ति 1981 से लेकर 2002 तक इस कम्पनी के मुख्य कार्यकारी निदेशक रहे। 2002 में उन्होंने इसकी कमान अपने साथी नन्दन नीलेकनी को थमा दी, लेकिन फिर भी इन्फोसिस कम्पनी के साथ वे मार्गदर्शक के दौर पर जुड़े रहे। वे 1992 से 1994 तक नास्काम के भी अध्यक्ष रहे। सन् 2005 में नारायण मूर्ति को विश्व का आठवां सबसे बेहतरीन प्रबंधक चुना गया।

आज एन.आर. नारायणमूर्ति अनेक लोगों के आदर्श हैं। चेन्नई के एक कारोबारी पट्टाभिरमण कहते हैं कि उन्होंने जो भी कुछ कमाया है वह मूर्ति की कंपनी इंफोसिस के शेयरों की बदौलत और उन्होंने अपनी सारी कमाई इंफोसिस को ही दान कर दी है। पट्टाभिरमण और उनकी पत्नी नारायणमूर्ति को भगवान की तरह पूजते हैं और उन्होंने अपने घर में मूर्ति का फोटो भी लगा रखा है। उन्हें **पद्मश्री, पद्मविभूषण** भारत सरकार ने और **ऑफीसर ऑफ द लेजियन ऑफ ऑनर**– फ्रांस सरकार, के सम्मानों से अलंकृत किया जा चुका है। इस सूची में शामिल अन्य नाम थे–बिल गेट्स, स्टीव जाब्स तथा वारेन वैफे। हालांकि नारायण मूर्ति अब अवकाश ग्रहण कर चुके हैं लेकिन वे इन्फोसिस के मानद चेयरमैन बने रहेंगे।

32

सचिन तेंदुलकर

Sachin Tendulkar

सचिन तेंदुलकर

जीवन–परिचय

सचिन तेंदुलकर का जन्म 24 अप्रैल, 1973 को मुंबई में हुआ था। बड़े भाई **अजीत तेंदुलकर** ने क्रिकेट खेलने के लिए प्रोत्साहित किया।

सचिन ने अपने स्कूल मुंबई के शारदाश्रम विद्यामंदिर से ही अपने क्रिकेट कॅरियर की शुरुआत कर दी थी। **'रमाकांत आचेरकर'** की छत्रछाया में उन्होंने प्रारंभिक क्रिकेट सीखना शुरु किया।

क्रिकेट कॅरियर की शुरुआत

सचिन ने 14 साल की उम्र से ही प्रथम श्रेणी क्रिकेट मैच खेलना शुरु कर दिया था। 16 साल की उम्र में ही सचिन को देश की तरफ से खेलने का पहला मौका मिला।

18 दिसम्बर, 1989 को गुजरांवाला, पाकिस्तान में सचिन तेंदुलकर ने अपने एकदिवसीय कॅरियर की शुरुआत की और उन्होंने वसीम अकरम, वकार यूनुस जैसे गेंदबाजों का डटकर सामना किया।

आस्ट्रेलिया, सिडनी, शारजाह, कानपुर जहाँ भी मौका मिला, उन्होंने बल्ला उठाकर आसमान में भगवान को धन्यवाद दिया और अपने प्रशंसकों को

शतक का तोहफा दिया। 1997 से लेकर 2003 तक तो सचिन 'लिटिल मास्टर' से 'मास्टर ब्लास्टर' बन चुके थे। 2003 में उनकी ही बदौलत टीम इंडिया फाइनल तक पहुँची तो 2011 में उन्होंने टीम को विश्व कप की ट्राफी उठाने में मदद की।

सचिन तेंदुलकर ने टेस्ट व एकदिवसीय क्रिकेट, दोनों में सर्वाधिक शतक अर्जित किए हैं। वे टेस्ट क्रिकेट में सबसे ज्यादा रन बनाने वाले बल्लेबाज हैं। इसके साथ टेस्ट क्रिकेट में 14000 से अधिक रन बनाने वाले वे विश्व के एकमात्र खिलाड़ी हैं। एकदिवसीय मैचों में भी उन्हें सर्वाधिक रन बनाने का कीर्तिमान प्राप्त है। अपनी बल्लेबाजी की शैली की वजह से उनकी तुलना महान क्रिकेटर **सर डॉन ब्रेडमैन** से की जाती है। खुद **ब्रैडमैन** ने कहा था, "कि वह सचिन में अपनी छवी देखते हैं।"

सचिन के रिकॉर्ड

463 वनडे में 18,426 रन, 49 शतक और 96 अर्धशतक। वनडे में बल्लेबाजी औसत 44.83। सर्वाधिक 200 रन नाबाद, 200 टेस्ट मैचों में 158,47 रन, 51 शतक और 71 अर्धशतक, टेस्ट में बल्लेबाजी औसत 56.94। सर्वाधिक 248 रन नाबाद, वनडे में 154 विकेट और टेस्ट में 45 विकेट। सचिन **राजीव गाँधी खेल रत्न** पुरस्कार से सम्मानित एकमात्र क्रिकेट खिलाड़ी हैं। 2008 में **पद्म विभूषण** से सम्मानित। देश से सबसे बड़े नागरिक पुरस्कार 'भारत रत्न' से पुरस्कृत, टेस्ट और वनडे में सबसे ज्यादा रन बनाने वाले खिलाड़ी सबसे ज्यादा 'मैच ऑफ द मैच' का खिताब जीतने वाले खिलाड़ी। वनडे में सबसे ज्यादा मैन 'ऑफ द सीरिज' जीतने वाले खिलाड़ी। वनडे के एक मैच में 200 रन बनाने वाले एकमात्र खिलाड़ी। विश्व कप में सर्वाधिक रन बनाने वाले खिलाड़ी। विश्व कप में सबसे ज्यादा मैच खेलने का खिलाड़ी। **16 नवम्बर, 2013 को सचिन ने वेस्टइंडीज़ के विरूद्ध अपने 200वें टेस्ट मैच के साथ ही क्रिकेट से सदा के लिए अलविदा कह दिया।**

33

कपिल देव

Kapil Dev

कपिल देव

कपिल देव का जन्म 6 जनवरी, 1959 को हरियाणा राज्य में हुआ था। एक साधारण से घर में जन्मे कपिल देव के सपने बहुत बड़े थे।

कपिल देव को अगर आप समकालीन सौरव गांगुली के साथ देखें तो दोनों में काफी समानता नजर आएगी।

कॅरियर

कपिल देव ने सन् 1975 में प्रथम श्रेणी क्रिकेट में प्रवेश किया। इस मैच में उन्होंने 6 विकेट लेकर सबको चौंका दिया था। गेंदबाजी ही नहीं बल्कि बल्लेबाजी में भी वह बहुत बेहतरीन थे।

भारत की तरफ से अंतरराष्ट्रीय स्तर पर उन्होंने पाकिस्तान के खिलाफ फैसलाबाद में 18 अक्टूबर, 1978 से अपने टेस्ट कॅरियर की शुरूआत की और अपने टेस्ट कॅरियर का पहला विकेट सादिक मोहम्मद के रूप में लिया। वर्ष 1979 में ऑस्ट्रेलिया के खिलाफ 22 विकेट लिए और इसके बाद पाकिस्तान के खिलाफ सीरीज में 32 विकेट लिए। सिर्फ 21 वर्ष और 27 दिन की आयु में कपिल देव 1000 रन और 100 टेस्ट विकेट लेने वाले दुनिया के सबसे युवा

खिलाड़ी बने। उन्होंने 2000 रन और 200 विकेट का डबल भी सबसे कम उम्र में पूरा किया।

1983 के विश्व कप में भारत की कमान कपिल देव के हाथ में थी। अपने करिश्माई खेल से उन्होंने पूरी सीरीज में भारतीय टीम का सफल नेतृत्व किया। जिम्बावे के खिलाफ मैच में कपिल देव ने मात्र 138 गेंदों पर 175 रनों का स्कोर खड़ा किया। यह उस समय का सर्वाधिक व्यक्तिगत स्कोर था। इसके बाद इंग्लैड को सेमीफाइनल में हराकर भारत ने फाइनल में जगह बनाई। इस मैच में भी उन्होंने 3 विकेट लिए थे।

वेस्टइंडीज की पूरी टीम मात्र 140 पर ही सिमट गई और विश्व कप की ट्राफी कपिल देव और भारतीय क्रिकेट टीम की झोली में आ गिरी। 1983 के विश्व कप में उन्होंने 303 रनों और 12 विकेट के साथ बेहतरीन ऑलराउंडर परफार्मेंस दी। कपिल ने भारतीय टीम को अपना पूरा योगदान दिया, और संन्यास लेने के बाद भी वे भारतीय क्रिकेट के लिए कार्य करते रहे। उन्होंने 1999 में भारतीय टीम के कोच का पद संभाला और सन् 2000 तक टीम से जुड़े रहे।

कभी ना झुकने का विश्वास, अपनी जीत के लिए लड़ जाना और अपने साथियों का साथ देना कुछ ऐसी विशेषताएँ हैं, जो कपिल देव को एक महान खिलाड़ी बनाती हैं। कपिल ने बी.सी.सी.आई. से अलग इंडियन क्रिकेट लीग (आई.सी.एल.) की स्थापना भी की, जिसमें उन्होंने उन खिलाड़ियों को खेलने का मौका दिया जो अपने देश की अंतरराष्ट्रीय टीम में ज्यादा समय तक नहीं खेल पाए। इस लीग को 'बागी क्रिकेट लीग' का नाम भी दिया गया लेकिन इसने क्रिकेट के एक और संस्करण 'टी–20' को दुनिया के सामने एक नए रूप में प्रस्तुत किया, जिसका श्रेय कपिल को जाता है। कपिल के योगदान को देखते हुए उन्हें 24 सितंबर, 2008 को भारतीय सेना में **लेफ्टीनेंट कर्नल** का दर्जा दिया गया।

उपलब्धियाँ

131 टेस्ट मैचों में बल्लेबाजी **:** 5248 रन, 08 शतक और 27 अर्धशतक। (31.05 के औसत से)

गेंदबाजी : 434 विकेट, पारी में 05 विकेट 23 बार

एकदिवसीय रिकॉर्ड

225 एकदिवसीय मैच में बल्लेबाजी : 3783 रन, एक शतक, 14 अर्धशतक

गेंदबाजी : 253 विकेट, 1 बार पांच विकेट

34

महेन्द्र सिंह धोनी

Mahender Singh Dhoni

महेन्द्र सिंह धोनी

महेन्द्र सिंह धोनी का जन्म झारखंड के रांची में 7 जुलाई, 1981 में हुआ। उनके पिता का नाम पानसिंह और माता का नाम देवकी देवी है।

रांची के डीएवी जवाहर विद्या मंदिर, श्यामली से पढ़ाई पूरी करने के साथ धोनी ने खेलों में भी सक्रिय रुप से हिस्सा लेना शुरु कर दिया। उन्हें पहले फुटबॉल का बहुत शौक था और वह अपनी फुटबॉल टीम के गोलकीपर थे। जिला स्तर पर खेलते हुए उनके कोच ने उन्हें क्रिकेट खेलने की सलाह दी।

1998–1999 के दौरान **कूच बेहार ट्रॉफी** से धोनी के क्रिकेट को पहली बार पहचान मिली। इस टूर्नामेंट में धोनी ने नौ मैचों में 488 रन बनाए और सात स्टपिंग भी की। इसी प्रदर्शन के बाद उन्हें साल 2000 में पहली बार रणजी में खेलने का मौका मिला।

रणजी में खेलते हुए 2003–04 में कड़ी मेहनत के कारण धोनी को जिम्बॉब्वे और केन्या दौरे के लिए भारतीय 'ए' टीम में चुना गया। उन्होंने सर्वश्रेष्ठ प्रदर्शन करते हुए 7 कैच और 4 स्टंपिंग कीं। इस दौरे पर धोनी ने 7 मैचों में 362 रन भी बनाए।

क्रिकेट कप्तान सौरभ गांगुली की सलाह द्वारा साल 2004 में धोनी को पहली बार भारतीय क्रिकेट टीम में जगह मिली।

2005 में पाकिस्तान के खिलाफ खेलते हुए धोनी ने 123 गेंदों पर 148 रनों की ऐसी तूफानी पारी खेली कि सभी इस खिलाडी के दिवाने बन गए। धोनी ने श्रीलंका के खिलाफ मैच में नंबर तीन पर बल्लेबाजी करते हुए 183 रनों की मैराथन पारी खेली, जो किसी भी विकेट–कीपर बल्लेबाज का अब तक का सर्वाधिक निजी स्कोर है।

इस मैच के बाद से धोनी को 'सिक्सर किंग' के नाम से जाना जाने लगा। लोग उनसे हर मैच में छक्का लगाने की उम्मीद करने लगे। मैच को छक्का मार कर जीतना धोनी का स्टाइल बन गया। देखते ही देखते रांची का यह सितारा वनडे क्रिकेट का नंबर एक खिलाड़ी बन गया।

साल 2007 में भारतीय क्रिकेट टीम विश्व कप में बुरी तरह से हार गई। ऐसे में 20–20 की बागडोर धोनी के हाथों में दे दी गई। फाइनल मैच में ध ोनी की सूझबूझ ने भारत को 'टी–ट्वेंटी' का चैंपियन बना दिया। इसके बाद टीम इंडिया में धोनी 'कप्तान धोनी' ही बन गए।

2010 में धोनी ने अपने बचपन की दोस्त साक्षी से शादी कर ली। साल 2011 में धोनी ने क्रिकेट में भारत को विश्व कप दिलाने में अहम भूमिका निभाई। धोनी ने आई.पी.एल. में भी चेन्नई सुपरकिंग्स को जीत दिलाई।

उम्मीद है आने वाले सालों में धोनी और भी कामयाबियों को छूएँगे और देश का नाम यूँ ही रोशन करते रहेंगे। एक बेहतरीन कप्तान होने के साथ धोनी एक लंबे समय तक अपने क्रिकेट कॅरियर को जारी रख सकेंगे।

35

सुनील गावस्कर
Sunil Gawaskar

सुनील गावस्कर

सुनील गावस्कर भारत के क्रिकेट के पूर्व–खिलाड़ी हैं। सुनील गावस्कर वर्तनान युग में क्रिकेट के महान बल्लेबाजों में गिने जाते हैं। इन्होंने बल्लेबाजी से संबंधित कई कीर्तिमान स्थापित किए। सनी का जन्म 10 जुलाई, 1949 को मुंबई (महाराष्ट्र) में हुआ था। उनकी पत्नी का नाम मार्शनील है। इनके पुत्र रोहन गावस्कर भी भारतीय क्रिकेट टीम में खेल चुके हैं।

बल्लेबाजी कीर्तिमान

इन्होंने बल्लेबाजी से संबंधित कई कीर्तिमान स्थापित किए। गावस्कर (अपने समय काल में) ने विश्व क्रिकेट में 3 बार, एक वर्ष में एक हजार रन, सर्वाधिक शतक (34), सर्वाधिक रन (नौ हजार से अधिक), सर्वाधिक शतकीय भागेदारियाँ एवं प्रथम श्रृंखला में सर्वाधिक रन बनाने वाले एकमात्र बल्लेबाज थे। सुनील गावस्कर की हर पारी एवं रन ऐतिहासिक होते हैं। उन्होंने भारतीय टीम का कुशल नेतृत्व किया और कई महत्त्वपूर्ण विजयें प्राप्त कीं, जिनमें 'एशिया कप' एवं 'बेसन एंण्ड हेजेस विश्वकप' प्रमुख है। 'क्रिकेट के आभूषण' कहे जाने वाले गावस्कर ने एक दिवसीय मैचों में भी अपनी टीम के लिए ठोस आधार प्रस्तुत किया है। वे 100

कैचों का कीर्तिमान भी इंग्लैंड में बना चुके हैं। गावस्कर क्रिकेट की एक अद्वितीय पहेली हैं। 1986 में उनके खेल जीवन का उत्तरार्द्ध होने के बाद भी उनके खेल में और निखार आया। अपने कॉलेज की ओर से क्रिकेट खेलते समय भी वे सबसे सफल बल्लेबाज माने जाते थे। 1971 में उन्हें टैस्ट टीम के वेस्टइंडीज दौरे के लिए चुना गया था। सनी को विश्व का सर्वोपरि खिलाड़ी माना जाता है।

पुरस्कार

इन्हें 1980 में भारत सरकार द्वारा खेल जगत के क्षेत्र में **'पद्म भूषण'** से सम्मानित किया गया था। भारत में सुनील गावस्कर को 1975 में **'अर्जुन पुरस्कार'** प्राप्त हुआ। इसके अतिरिक्त कई देशों में उन्हें सम्मानित किया जा चुका है। 1980 में ही वे **'विस्डेन'** भी प्राप्त कर चुके हैं।

टेस्ट डेब्यू

सुनील गावस्कर के टेस्ट क्रिकेट कैरियर की शुरुआत मार्च 1971 की 6 तारीख को पोर्ट ऑफ स्पेन में वेस्ट इंडीज के खिलाफ एक टेस्ट मैच से हुई। उन्होंने वेस्ट इंडीज पर अपने पहले मैच में 132 रन बनाए थे।

एक दिवसीय अंतरराष्ट्रीय

गावस्कर ने अपने एक दिवसीय अंतरराष्ट्रीय (एकदिवसीय) क्रिकेट कैरियर की शुरुआत इंग्लैंड के खिलाफ 35 गेंदों पर 28 रन बना कर शुरुआत की।

36

राहुल द्रविड़
Rahul Dravid

राहुल द्रविड़

जीवन-परिचय

राहुल द्रविड़ का जन्म 11 जनवरी, 1973 को मध्यप्रदेश के इंदौर शहर में हुआ था। द्रविड़ का एक नाम "जैमी" भी है जिसकी वजह उनके पिता का किसान जैम में काम करना और द्रविड़ का इस कंपनी के लिए प्रचार है। राहुल द्रविड़ की मां पुष्पा बंगलुरू यूनिवर्सिटी में आर्किटेक्चर की प्रोफेसर हैं। राहुल द्रविड़ ने 'सेंट जोसेफ कॉलेज ऑफ कॉमर्स' से स्नातक की पढ़ाई पूरी की।

स्कूल स्तर से क्रिकेट खेलने वाले द्रविड़ ने अपनी राज्य की अंडर 12 और अंडर 19 की टीम से क्रिकेट खेला है। शुरू में राहुल द्रविड़ बल्लेबाजी के साथ विकेटकीपिंग भी करते थे लेकिन कई दिग्गज खिलाड़ियों के मना करने पर यह बन्द कर दिया।

कॅरियर

1991 में राहुल को पहली बार रणजी ट्राफी खेलने के लिए चुना गया और महाराष्ट्र की टीम से उन्हें खेलने का मौका मिला। राहुल ने अपने अंतरराष्ट्रीय कॅरियर की शुरुआत 1996 में श्रीलंका के खिलाफ सिंगापुर में की। इंग्लैण्ड

के खिलाफ मैच में उनके साथ सौरभ गांगुली ने भी अपने टेस्ट कॅरियर की शुरुआत की। राहुल ने इस मैच में 95 रनों की अहम पारी खेली।

साल 1999 और 2003 के विश्व कप में राहुल द्रविड़ ने महत्वपूर्ण भूमिका निभाई। द्रविड़ ने अब तक 153 टेस्ट मैचों की 265 पारियों में 52.40 की औसत से 12314 रन बनाए हैं। इस दौरान उन्होंने 60 अर्धशतक और 32 शतक जमाए हैं।

टेस्ट के विपरीत उन्होंने वनडे में धीमे अंदाज में बल्लेबाजी की है पर वनडे में भी राहुल द्रविड़ का सफर शानदार रहा है। 39.43 की औसत से राहुल द्रविड़ ने 339 मैचों में 10,000 रन बनाए हैं। विश्व क्रिकेट में दस हजार का आकंडा पार करने वाले वह दुनिया के छठे बल्लेबाज हैं। टेस्ट मैचों में 200 से अधिक कैच लेकर वह दुनिया के सबसे अधिक कैच लेने वाले खिलाड़ी भी हैं।

शैली

शांत स्वभाव के राहुल द्रविड़ को क्रिकेट का एक कुशल कलाकार कहा जाता है। इस समय विश्व क्रिकेट में उनकी तरह की तकनीकी क्षमता बहुत ही कम खिलाड़ियों के पास है। धैर्य और मजबूती ने उन्हें 'मिस्टर वॉल' की संज्ञा दिलाई है तो मुसीबत के समय टीम की मदद करने की वजह से उन्हें मिस्टर भरोसेमंद कहा जाता है। वनडे और टेस्ट में ऐसे कई मौके हैं जब राहुल द्रविड़ ने भारतीय टीम की डूबती नाव को किनारे लगाया है।

पुरस्कार और रिकॉर्ड

अर्जुन अवार्ड : 1998 में राहुल द्रविड़ को **'अर्जुन अवार्ड'** से सम्मानित किया गया था।

2000 : विजडन **'किकेटर ऑफ द ईयर'**।

2004 में राहुल को **'पद्मश्री'** से सम्मानित किया गया था।

2004 में ही राहुल द्रविड़ को **'आई.सी.सी. प्लेयर ऑफ द ईयर'** के खिताब से नवाजा गया था।

टेस्ट इतिहास में राहुल द्रविड़ सबसे अधिक कैच लेने वाले खिलाड़ी हैं जिनके नाम 200 कैच हैं।

37

सौरव गांगुली
Sourav Ganguli

सौरव गांगुली

क्रिकेट के खेल में खिलाड़ी टीम में रहने के लिए कुछ भी करने को तैयार रहते हैं। क्रिकेट टीम भावना से खेला जाने वाला खेल है जिसमें सभी खिलाड़ियों को अपना–अपना पूरा प्रदर्शन देना होता है, लेकिन कभी–कभी क्रिकेट इतिहास में ऐसे भी खिलाड़ी आते हैं जो अपने व्यवहार से इस खेल को ही बदलकर रख देते हैं। ऐसे ही एक खिलाड़ी हैं पूर्व भारतीय कप्तान सौरव गांगुली।

कोलकाता के राजसी परिवार में जन्में सौरव गांगुली ने भारतीय क्रिकेट जगत में हमेशा से ही एक अलग अंदाज में अपना खेल दिखाया है। जीत के लिए जी जान लड़ा देना और हमेशा शान से खेलना इस खिलाड़ी की असली पहचान रही है. दुनिया भर के स्टेडियमों में अपने छक्कों से आसमान नापने वाले सौरव गांगुली आज भी खेल को उसी तरह से प्रेम करते हैं जैसे वह अपने कॅरियर की शुरुआत में करते थे।

जीवन-परिचय

सौरव गांगुली का जन्म 08 जुलाई, 1972 को कोलकाता के एक परिवार में हुआ था। सौरभ के पिता चंडीदास गांगुली कोलकाता के अमीर लोगों में

शुमार थे। उनका बचपन सुविधाओं से भरपूर था। बचपन से ही सौरभ गांगुली को "महाराजा" के नाम से पुकारा जाता था। कोलकाता में फुटबॉल बहुत प्रसिद्ध है और शुरु में सौरव गांगुली भी इस खेल के प्रति आकर्षित थे पर अपने बड़े भाई के कहने पर उन्होंने क्रिकेट खेलना शुरु किया। भाई स्नेहाशिष गांगुली ने सौरव गांगुली की प्रतिभा और लगन को देखते हुए घर में ही क्रिकेट खेलने के लिए पिच बना दी।

अपने स्कूल की तरफ से खेलते हुए उन्होंने अंडर 15 की टीम की तरफ से उड़ीसा के खिलाफ शतक ठोक अपने भाई के विश्वास को सही साबित कर दिया। गांगुली कोलकाता के सेंट जेवियर स्कूल में पढ़ते थे और स्कूल के समय से ही उनका अंदाज शाही था।

1990-91 में रणजी ट्राफी में बेहतरीन खेल दिखाने के वजह से उन्हें 1992 में वेस्टइंडीज दौरे के लिए भारतीय क्रिकेट टीम में चुन लिया गया। लेकिन यह दौरा उनके लिए कोई खास नहीं रहा। इस दौरे में उन्होंने केवल एक मैच खेला जिसमें उन्होंने तीन रन बनाए। लेकिन इस दौरे पर ही उन पर घमंडी होने की 'छाप' पड़ गई और उनके रवैये पर अंगुली तक उठी। दौरे पर गए कई वरिष्ट लोगों ने यहाँ तक कहा कि यदि सौरभ कोलकाता के संपन्न परिवार से नहीं होते तो वह टीम में आ भी नहीं पाते। चार साल बाद गांगुली को 1996 में इंग्लैंड दौरे के लिए फिर से टीम में चुना गया। तीन वनडे में से उन्हें सिर्फ एक मैच में ही मौका मिला जिसमें उन्होंने 46 रन बनाए।

1996 के बाद से ही भारतीय क्रिकेट टीम में सौरभ गांगुली की जगह पक्की हो गई। 1997 से 1999 तक के दौर में सौरभ एक ऐसे खिलाड़ी बन गए जिनकी छवि टीम में सचिन के बाद दूसरे सबसे भरोसेमंद खिलाड़ी की हो गई। 1999 के विश्व कप में सौरभ गांगुली ने टीम में ओपनर की भूमिका निभाई और श्रीलंका के खिलाफ उन्होंने रिकॉर्ड 183 रनों की पारी खेली थी। सन् 2000 में जब भारतीय टीम पर फिक्सिंग का साया मंडराने लगा और सचिन जैसे महान खिलाड़ियों ने भी कप्तानी लेने से मना कर दिया तो सौरभ ने आगे बढ़कर इस जिम्मेदारी को लिया और एक लंबे समय तक भारतीय क्रिकेट टीम की अगुवाई की। सौरभ की अगुवाई में टीम में जीत के लिए

लड़ने की कला आई। जहीर, हरभजन, युवराज जैसे कई युवा खिलाड़ियो को सौरभ के नेतृत्व में अपना नेचुरल खेल दिखाने का मौका मिला तो वहीं द्रविड़, सचिन, लक्ष्मण सरीखे अनुभवी खिलाड़ियों को अपना असली खेल दिखाने की स्वतंत्रता मिली।

2008 में सौरभ गांगुली ने अंतरराष्ट्रीय क्रिकेट को अलविदा कह दिया। हालांकि वह आईपीएल में सक्रिय रहे। आईपीएल में भी दादा ने अपनी दादागिरी नहीं छोड़ी और केकेआर की टीम से बाहर होने के बाद पुणे की तरफ से खेलते हुए दिखा दिया कि वह जो भी करते हैं शान से करते हैं।

गांगुली ने अपने शानदार कॅरियर में 113 टेस्ट मैचों में 7212 रन बनाएं जिसमे 16 शतक शामिल थे। वनडे में तो उनका प्रदर्शन और भी लाजवाब था। 311 वनडे में 11,363 रन और 22 शतकों के साथ कई अहम रिकॉर्ड उनके ही नाम थे। कहा जाता है अगर सौरभ ने कप्तानी नहीं ली होती तो आज सचिन से ज्यादा रन उनके होते।

भारत के सबसे सफल टेस्ट कप्तान जिन्होंने 49 टेस्टों में भारत का नेतृत्व किया और 21 मैच जिताए। दुनियां के तीसरे ऐसे बल्लेबाज जिन्होंने अपने पहले ही टेस्ट में शतक जमाया। सौरभ ने वनडे में राहुल द्रविड़ के साथ मिलकर 318 रनों की रिकॉर्ड साझेदारी की है जो आज भी दुनियां की दूसरी सबसे बड़ी वनडे साझेदारी है। वनडे में प्रथम विकेट के लिए सचिन के साथ मिलकर सर्वाधिक शतकीय (26) और अर्धशतकीय साझेदारी (44)। वनडे इतिहास में 10,000 रन, 100 विकेट और 100 कैंच लेने वाले तोसरे खिलाड़ी। 2004 में सौरभ गांगुली को पद्मश्री से सम्मानित किया गया था।

सौरभ गांगुली निर्विवाद रुप से भारत के सबसे सफल कप्तान हैं जिन्होंने टीम में जीत हासिल करने की भूख पैदा की थी। नए खिलाड़ियें को मौका देना सौरभ की एक बड़ी कामयाबी मानी जाती है। मैदान हो या मैदान के बाहर सौरभ गांगुली का जुनून हमेशा एक सा ही रहता है। वह असल मायनों में क्रिकेट के बादशाह हैं।

38

पी.टी. उषा

P.T. Usha

पी.टी. उषा

पिलावुळ्ळकण्टि तेक्केपरम्पिल् उषा (जन्म 27 जून, 1964), जो आमतौर पर पी० टी० उषा के नाम से जानी जाती हैं। पी० टी० उषा का जन्म केरल के कोजिकोड जिले के पय्योली ग्राम में हुआ था। 1976 में केरल राज्य सरकार ने महिलाओं के लिए एक खेल विद्यालय खोला, और उषा को अपने जिले का प्रतिनिधि चुना। **'भारतीय ट्रैकण्ड फील्ड'** की रानी माने जानी वाली पी०टी० उषा भारतीय खेलकूद में 1979 से हैं। वे भारत के अब तक के सबसे अच्छे खिलाड़ियों में से हैं। उन्हें 'पय्योली एक्सप्रेस' नामक उपनाम दिया गया था।

1979 में उन्होंने राष्ट्रीय विद्यालय खेलों में भाग लिया, जहाँ ओ० म० नम्बियार का उनकी ओर ध्यानाकर्षित हुआ, वे अंत तक उनके प्रशिक्षक रहे। 1983–89 के बीच में उषा ने एटीफ खेलों में 13 स्वर्ण जीते। 1984 के लॉस एञ्जेलेस ओलम्पिक की 400 मी. बाधा दौड़ के सेमी फाइनल में वे प्रथम आने वाली पहली महिला और पाँचवी भारतीय बनीं।

उन्होंने जितनी भी दौड़ों में भाग लिया, सबमें नए एशियाई खेल कीर्तिमान स्थापित किए। 1985 के में जकार्ता में हुई एशियाई दौड–कूद

प्रतियोगिता में उन्होंने पाँच स्वर्ण पदक जीते। एक ही अंतर्राष्ट्रीय प्रतियोगिता में छः स्वर्ण जीतना भी एक कीर्तिमान है।

उषा ने अब तक 101 अंतर्राष्ट्रीय पदक जीते हैं। वे दक्षिण रेलवे में अधिकारी पद पर कार्यरत हैं। 1985 में उन्हें **'पद्मश्री'** व **'अर्जुन पुरस्कार'** दिया गया।

उपलब्धियाँ

1980 –– मास्को ओलम्पिक खेलों में भाग लिया

कराची अंतर्राष्ट्रीय आमंत्रण खेलों में 4 स्वर्ण पदक प्राप्त किए।

1981 –– पुणे अंतर्राष्ट्रीय आमंत्रण खेलों में 2 स्वर्ण पदक प्राप्त किए।

हिसार अंतर्राष्ट्रीय आमंत्रण खेलों में 1 स्वर्ण पदक प्राप्त किया। लुधियाना अंतर्राष्ट्रीय आमंत्रण खेलों में 2 स्वर्ण पदक प्राप्त किए।

1982 –– विश्व कनिष्ठ प्रतियोगिता, सियोल में 1 स्वर्ण और एक रजत जीता।

नई दिल्ली एशियाई खेलों में 2 रजत पदक जीते।

1983 –– कुवैत में एशियाई दौड़कूद प्रतियोगिता में 1 स्वर्ण और 1 रजत पदक जीता।

नई दिल्ली अंतर्राष्ट्रीय आमंत्रण खेलों में 2 स्वर्ण पदक प्राप्त किए।

1984 –– इंगल्वुड संयुक्त राज्य में अंतर्राष्ट्रीय आमंत्रण खेलों में 2 स्वर्ण पदक प्राप्त किया।

विश्व कीर्तिमान

जकार्ता, इंडोनेशिया में 1985 की एशियाई दौड़–कूद प्रतियोगिता में उषा ने 100, 200, 400, बाधा व 4•400 रिले में 5 स्वर्ण पदक जीते। उन्होंने 4•400 रिले में कांस्य पदक भी जीता। किसी भी महिला द्वारा किसी एक ही दौड़ प्रतियोगिता में सबसे अधिक पदक जीतने का यह कीर्तिमान है।

39

सानिया मिर्जा

Sania Mirza

सानिया मिर्जा

15 नवंबर, 1986 को मुंबई में जन्मी सानिया मिर्जा भारत की एक टेनिस खिलाड़ी है। सानिया के पिता इमरान मिर्जा एक खेल संवाददाता थे। निजाम क्लब हैदराबाद में सानिया ने छह साल की उम्र से टेनिस खेलना शुरू किया था। महेश भूपति के पिता और भारत के सफल टेनिस प्लेयर सी.के. भूपति से सानिया ने अपनी शुरुआती कोचिंग ली।

अपने कॅरियर की शुरुआत उन्होंने 1999 में विश्व जूनियर टेनिस चैंपियनशिप में हिस्सा लेकर की। इसके बाद उन्होंने कई अतंरराष्ट्रीय मैचों में हिस्सा लिया और सफलता भी पाई। 2003 उनके जीवन का सबसे रोचक मोड़ बना जब भारत की तरफ से वाइल्ड कार्ड एंट्री करने के बाद सानिया मिर्जा ने विम्बलडन में डबल्स के दौरान जीत हासिल की। 2009 में वह भारत की तरफ से ग्रैंड स्लैम जीतने वाली पहली महिला खिलाड़ी बनीं। सानिया मिर्जा ने महिला टेनिस की दुनिया में भारत को एक नई पहचान दी है। सानिया मिर्जा पाकिस्तानी क्रिकेटर शोएब मलिक के साथ विवाह बंधन में बंधी। सानिया मिर्जा 2010 में गूगल पर अधिक सर्च करने वाली भारतीय खिलाड़ी है। इसके अलावा 2005 में सानिया मिर्जा को अमेरिका की 'टाइम मैगजीन' ने एशिया

की 50 शख्सियतों की सूची में शामिल किया था। सानिया मिर्जा की वर्तमान रैकिंग नंबर 12 है।

रिकॉर्ड

एशियाई खेल दोहा 2006 में मिश्रित युगल मुकाबले में स्वर्ग पदक मिला।

एशियाई खेल दोहा 2006 में एकल मुकाबले में रजत पदक मिला।

एशियाई खेल दोहा 2006 में टीम मुकाबले में रजत पदक मिला।

एकल कैरियर में एक डब्ल्यूटीए और 14 आईटीएफ जीते।

एकल कैरियर में सर्वश्रेष्ठ स्थान 2007 में 27 नंबर हासिल किया।

युगल कैरियर में एक 14 डब्ल्यू.टी.ए. और 4 आई.टी.एफ. जीते।

युगल कैरियर में सर्वश्रेष्ठ स्थान 2012 में 7 नंबर हासिल किया।

सानिया मिर्जा को **'अर्जुन अवार्ड'** से नवाजा गया। इसके अलावा 2006 में सानिया को **'पद्मश्री'** का अवार्ड भारत सरकार ने दिया।

40

महेश भूपति
Mahesh Bhupati

महेश भूपति

07 जून, 1974 को जन्में महेश भूपति एक बेहतरीन खिलाड़ी होने के साथ एक अच्छे इंसान भी हैं। लिएंडर पेस के साथ उन्होंने जोड़ी बनाकर दुनिया भर में अपना नाम रोशन किया है।

14 वर्ष की उम्र से अपने अंतरराष्ट्रीय टेनिस कॅरियर की शुरुआत की और लगातार जीत दर्ज करते हुए रिकॉर्ड बनाते रहे।

लिएंडर पेस के साथ मिलकर उन्होंने तीन डबल्स खिताब जीते हैं। साल 1999 भूपति के लिए स्वर्णिम वर्ष साबित हुआ क्योंकि इसमें उन्होंने अमेरिकी ओपन मिश्रित खिताब जीता और फिर लिएंडर पेस के साथ रोलां गैरां और विंबलडन समेत तीन युगल ट्राफी अपने नाम की। वह और पेस सभी ग्रैंड स्लैम टूर्नामेंटों के फाइनल में पहुँचने वाली पहली युगल जोड़ी बने थे।

साल 1999 में ही दोनों को युगल की विश्व रैंकिंग में पहली भारतीय टीम बनने का गौरव हासिल हुआ। ओपन युग में 1952 के बाद यह पहली उपलब्धि थी। महेश भूपति और लिएंडर पेस के बीच कुछ मतभेद होने से दोनों ने एक–दूसरे के साथ खेलना बंद कर दिया पर 2008 बीजिंग ओलंपिक्स के बाद से उन्होंने पुनः साथ–साथ खेलना शुरू कर दिया।

साल 2009 में महेश भूपति ने सानिया मिर्जा के साथ मिलकर ऑस्ट्रेलियन ओपन (Australian Open) के मिश्रित युगल में जीत हासिल की।

महेश भूपति को फिल्मी सितारों के करीब रहने के लिए जाना जाता है। उन्होंने पहले मॉडल श्वेता जयशंकर से शादी की लेकिन शादी के सात साल बाद ही उन्होंने श्वेता से तलाक ले लिया।

हाल ही में महेश ने बॉलिवुड अभिनेत्री और मिस यूनिवर्स लारा दत्ता से शादी की है।

उपलब्धियाँ

फ्रेंच ओपन मिक्सड में जीत हासिल कर वह भारत के पहले खिलाड़ी बने जिन्होंने ग्रैंड स्लैम जीता।

- वर्ष 1999 में विंबलडन और फ्रेंच ओपन में जीत।
- वर्ष 2001 में **'पद्मश्री'** से सम्मानित।
- यू.एस. मिक्स्ड ओपन 1999 का खिताब।
- ऑस्ट्रेलियन ओपन मिक्स्ड डबल्स का खिताब साल 2006 में।

41

लिएंडर पेस

Liander Pase

लिएंडर पेस

जीवन–परिचय

लिएंडर पेस का जन्म कोलकाता में 17 जून, 1973 को हुआ। उनके पिता डाक्टर वेस पेस अंतरराष्ट्रीय स्तर के हॉकी खिलाड़ी और प्रसिद्ध चिकित्सक हैं। उनके पिता डॉक्टर वेस म्यूनिख ओलम्पिक गेम्स 1972 के कांस्य पदक विजेता टीम के सदस्य थे। उनकी माँ जेनिफर पेस ने 1980 के एशियन बास्केट बॉल चैंपियनशिप में भारतीय बास्केट बॉल टीम की कप्तानी की थी। लिएंडर का रूझान बचपन में फुटबॉल की तरफ था लेकिन पिता के कहने पर लिएंडर ने टेनिस खेलना शुरू किया और उन्होंने डेविस कप के महान खिलाड़ी के रूप में अपनी जगह बनाई। उन्हें मैदान के बाहर एक हंसमुख इंसान माना जाता है। लिएंडर पेस ने रिया पिल्ले से शादी की।

कॅरियर

1985 में उनके पिता ने उन्हें चेन्नई स्थित 'ब्रिटानिया अमृतराज टेनिस अकादमी' (बैट) में टेनिस सीखने के लिए भेजा। यह उनके जीवन का टर्निंग प्वॉइट साबित हुआ। 1990 में उन्होंने जूनियर विंबलडन का खिताब जीतकर पहली बार अंतरराष्ट्रीय स्तर पर अपनी पहचान बनाई और जूनियर रैंकिग में

पहला स्थान हासिल किया। यहीं से उनका प्रोफेशनल कॅरियर शुरू हो गया।

1992 के बार्सिलोना ओलंपिक में उन्होंने डबल्स में रमेश कृष्णन के साथ खेलते हुए क्वार्टर फाइनल तक जगह बनाई थी। 1996 में अटलांटा ओलंपिक्स में कांस्य पदक हासिल कर वह ऐसा करने वाले पहले भारतीय खिलाड़ी बने।

साल 1997 में लिएंडर पेस को महेश भूपति के रुप में एक बेहतरीन जोड़ीदार मिला। यूएस ओपन में दोनों की जोड़ी ने सेमी फाइनल तक का सफर तय किया। साल 1998 में पेस और भूपति की जोड़ी तीन मुख्य और बड़ी टेनिस प्रतियोगिताओं के सेमी फाइनल तक पहुँची। आस्ट्रेलियन ओपन, फ्रेंच ओपन और यूएस ओपन में लिएंडर पेस और महेश भूपति की जोड़ी ने दुनिया भर में अपना परचम लहरा दिया। साल 1999 में लिएंडर पेस और महेश की जोड़ी सभी चार ग्रैंड स्लैमों के फाइनल में पहुँची और विंबलडन और फ्रेंच ओपन में जीत हासिल करने में सफल रही।

डबल्स के साथ पेस सिंगल्स और युगल में भी कामयाब होते रहे। साल 1992 से लेकर 2008 तक वह सभी ओलंपिक खेलों में शामिल हुए हैं और भारतीय टेनिस को विश्व भर में पहचान दिलाने में सफल भी रहे हैं।

उपलब्धियाँ और रिकॉर्ड

- 1990 में जूनियर विंबलडन में जीत हासिल कर जूनियर रैंकिग में पहला स्थान और **'अर्जुन अवार्ड'** से सम्मानित।
- अटलांटा ओलंपिक्स में कांस्य पदक जीतने वाले पहले भारतीय खिलाड़ी।
- तीसरे ऐसे भारतीय जिन्होंने लगातार पाँच ओलंपिक गेम्स में हिस्सा लिया है।
- 1996 में **"राजीव गांधी खेल रत्न"** से सम्मानित।
- 2001 में उन्हें खेल के क्षेत्र में सहयोग देने के लिए **'पद्मश्री'** से सम्मानित किया गया।
- 2010 में विबंलडन में मिक्सड डबल्स का खिताब जीता।
- 6 डबल्स और 6 मिक्सड डबल्स जीतकर विश्व के सबसे बेहतरीन टेनिस खिलाड़ी।

42

विश्वनाथन आनंद
Vishwanathan Anand

विश्वनाथन आनंद

11 दिसंबर, 1969 को तमिलनाडु के मायिलादुथुरै में जन्में विश्वनाथन आनंद के पिता विश्वनाथन अय्यर दक्षिण भारतीय रेलवे के जनरल मैनेजर रह चुके हैं। विश्वनाथन आनंद को शतरंज उनकी माँ ने खेलना सिखाया। छह साल की उम्र से ही विश्वनाथन आनंद अपनी माँ के साथ शतरंज की बिसात पर चालें चला करते थे।

चेन्नई के 'डॉन बॉस्को मैट्रिकुलेशन हायर सेकेंडरी स्कूल' से प्रारंभिक शिक्षा प्राप्त करके उन्होंने 'लॉयोला कॉलेज' से कॉमर्स में स्नातक की डिग्री हासिल की।

निजी जिंदगी में विश्वनाथन आनंद हमेशा शांत और मीडिया से दूर रहने वाले व्यक्ति हैं। आनंद की पत्नी का नाम अरुणा आनंद है और उनके बेटे का नाम आनंद अखिल है।

कॅरियर

विश्वनाथन आनंद का कॅरियर बहुत तेजी से और अचानक शुरू हुआ। 14 साल की उम्र में नेशनल सब–जूनियर लेवल पर जीत के साथ शुरू हुआ उनका सफर आगे बढ़ता ही रहा। वर्ष 1984 में 16 साल की उम्र में उन्होंने नेशनल चैंपियनशिप जीतकर सबको चौंका दिया और उन्होंने ऐसा लगातार

दो साल किया। 1987 में 'वर्ल्ड जूनियर चेस चैंपियनशिप' जीतने वाले वह पहले भारतीय बने और साल 1988 में वह 18 साल की उम्र में ही 'ग्रैंडमास्टर' बन गए।

साल 1993 में वर्ल्ड चेस चैंपियनशिप में जगह बनाकर वह क्वार्टर फाइनल तक पहुँचे। साल 1994–95 में उन्हें कई अहम् अंतरराष्ट्रीय टूर्नामेंटों के लिए चुना गया जिसमें एफ.आई.डी.ई. और पी.सी.ए. शामिल हैं।

वर्ष 2000 में पहली बार विश्व शतरंज चैंपियनशिप जीतकर उन्होंने भारत की तरफ से पहला शतरंज विश्वविजेता बनने का गौरव हासिल किया।

2007 में एक बार फिर वे विश्व शतरंज प्रतियोगिता में जीत हासिल कर नंबर वन तक पहुँचे और इसी क्रम में उन्होंने साल 2010 में भी 'विश्व चैंपियन' का खिताब जीता।

उपलब्धियाँ

वर्ष 1985 में उन्हें खेल के क्षेत्र में बेहतरीन योगदान देने के लिए "अर्जुन अवार्ड" से सम्मानित किया गया था। साल 1991–92 में वह पहले ऐसे खिलाड़ी बने जिन्हें **"राजीव गाँधी खेल रत्न"** से सम्मानित किया गया। साल 1987 में **'पद्मश्री'**, **'राष्ट्रीय नागरिक पुरस्कार'** और **'सोवियत लैंड नेहरू पुरस्कार'** से भी आनंद को नवाजा गया था। साल 2007 में उन्हें **"पद्मविभूषण"** से सम्मानित किया गया। 1997, 1998, 2003, 2004, 2007 और 2008 में उन्होंने **"शतरंज ऑस्कर"** जीता।

43

साइना नेहवाल

Saina Nehwal

साइना नेहवाल

साइना नेहवाल वह नाम है जिसने 20 साल की उम्र में विश्वभर में अपने नाम की चर्चा करवा दी। 17 मार्च, 1990 को हरियाणा के एक छोटे से गाँव हिसार में जन्मीं सायना ने 8 साल की उम्र में बैडमिंटन रैकेट थाम लिया था। उनके माता–पिता दोनों ही बैडमिंटन खिलाड़ी थे। पिता हरवीर सिंह ने बेटी को पूरा सहयोग और प्रोत्साहन दिया। सानिया ने शुरुआती प्रशिक्षण हैदराबाद के 'लाल बहादुर स्टेडियम' में कोच 'नानी प्रसाद' से प्राप्त किया।

14 साल की उम्र में साइना ने वर्ष 2004 में नेशनल जूनियर चैंम्पियनशिप जीत ली और वर्ष 2005 में फिर इस खिताब को हासिल किया। वर्ष 2006 और 2007 में उन्होंने 'नेशनल सीनियर चैम्पियनशिप' भी जीती।

उन्होंने 2009 में इंडोनेशिया ओपन जीतते हुए सुपर सीरीज बैडमिंटन टूर्नामेंट का खिताब अपने नाम किया। यह उपलब्धि उनसे पहले किसी अन्य भारतीय महिला को हासिल नहीं हुई। ऑल इंग्लैंड सीरीज के सेमीफाइनल में पहुँचने वाली पहली भारतीय खिलाड़ी बनीं तो वहीं इंडोनेशियन ओपन जीतकर वह दुनियाँ की नंबर दो खिलाड़ी बनीं। भारत की बैडमिंटन खिलाड़ी और राजीव गाँधी खेल रत्न अवॉर्ड से नवाजी जा चुकीं साइना नेहवाल मौजूदा वर्ल्ड रैंकिंग में नंबर 2 महिला बैडमिंटन खिलाड़ी हैं।

44

धनराज पिल्लै

Dhanraj Pille

धनराज पिल्ले

धनराज पिल्लै (जन्म 16 जुलाई, 1968) एक फील्ड हॉकी खिलाड़ी और भारतीय हॉकी टीम के पूर्व कप्तान हैं।

जीवन–परिचय

धनराज पिल्लै का जन्म महाराष्ट्र के खड़की में तमिल माता–पिता नागालिन्गम पिल्लै और अन्दालम्मा के चौथे पुत्र के रूप में हुआ। वे तमिल (मातृभाषा), हिंदी, मराठी और अंग्रेजी भाषाओं में धाराप्रवाह हैं।

अंतरराष्ट्रीय हॉकी में धनराज पिल्लै की शुरुआत 1989 में नई दिल्ली में आयोजित एल्विन एशिया कप में देश के प्रतिनिधित्व के साथ हुई।

अंतरराष्ट्रीय कैरियर

धनराज पिल्लै का कैरियर दिसंबर 1989 से अगस्त 2004 तक रहा और इस दौरान उन्होंने 339 अंतरराष्ट्रीय मैच खेले।

वे एकमात्र ऐसे खिलाड़ी हैं जिसने चार ओलंपिक खेलों (1992, 1996, 2000 और 2004), चार विश्व कप (1990, 1994, 1998, और 2002), चार चैंपियंस ट्राफी (1995, 1996, 2002, और 2003) और चार एशियाई खेल

(1990, 1994, 1998, और 2002) में भाग लिया है। भारत ने उनकी कप्तानी के तहत एशियाई खेल (1998) और एशिया कप (2003) में जीत हासिल की। उन्होंने बैंकाक एशियाई खेलों में सर्वाधिक गोल दागे थे, और सिडनी में 1994 के विश्व कप के दौरान वर्ल्ड इलेवन में शामिल होने वाले एकमात्र भारतीय खिलाड़ी थे।

क्लब हॉकी

वे कई विदेशी क्लबों के लिए भी खेल चुके हैं, जैसे– दी इंडियन जिमखाना (लंदन), एचसी ल्योन (फ्रांस), बीएसएन एचसी एंड टेलीकोम मलेशिया एचसी (मलेशिया), अबाहनी लिमिटेड (ढाका), और एचटीसी स्टुटगार्ट किकर्स (जर्मनी)। उन्होंने बैंकाक एशियाई खेलों में सर्वाधिक गोल दागे थे और सिडनी, ऑस्ट्रेलिया में 1994 के हॉकी विश्व कप के दौरान वर्ल्ड इलेवन में शामिल होने वाले एकमात्र भारतीय खिलाड़ी थे। अपने करियर के अंतिम दौर में धनराज प्रीमियर हॉकी लीग में दो सत्रों तक मराठा वारियर्स के लिए खेले।

पुरस्कार

वर्ष 1999–2000 में उन्हें भारत के सर्वोच्च खेल पुरस्कार 'राजीव गांधी' खेल रत्न से सम्मानित किया गया। वर्ष 2000 में उन्हें नागरिक सम्मान 'पद्म श्री' प्रदान किया गया। वे 2002 एशियाई खेलों की विजेता हॉकी टीम के सफल कप्तान थे। कोलोन, जर्मनी में आयोजित 2002 चैंपियंस ट्रॉफी में उन्हें टूर्नामेंट का सर्वश्रेष्ठ खिलाड़ी पुरस्कार प्रदान किया गया।

45

सुशील कुमार (पहलवान)
Sushil Kumar (Wrestler)

सुशील कुमार

सुशील कुमार एक कुश्ती पहलवान है। सुशील, सतपाल पहलवान के शिष्य हैं। भारत को पदक जीतने के उपरान्त सुशील कुमार को दिल्ली सरकार ने 50 लाख के इनाम की घोषणा की जबकि रेलवे ने 55 लाख और हरियाणा सरकार ने 25 लाख के इनाम की घोषणा की थी।

जीवन–परिचय

दिल्ली के नजफगढ़ इलाके के एक गाँव बापरोला में 1982 में जन्मे सुशील के पिता का नाम दीवानसिंह और माता का कमला है। सुशील तीन भाईयों के परिवार में सबसे बड़े हैं। वह बचपन से कुश्ती के दीवाने थे और शुरू से ही उनका लक्ष्य ओलंपिक में पदक जीतना था। उन्होंने दिल्ली विश्वविद्यालय से स्नातक की उपाधि हासिल की लेकिन वह बचपन से ही महाबली सतपाल से जुड़ गए थे, जिन्होंने उनके कौशल को निखारने में महत्वपूर्ण भूमिका निभाई। वे भारतीय रेल में कार्यरत हैं।

कुश्ती के क्षेत्र में

सुशील ने 2006 में दोहा एशियाई खेलों में 'काँस्य पदक' जीतकर अपनी प्रतिभा का पहला परिचय दिया था। दिल्ली के छत्रसाल स्टेडियम में प्रतिदिन

सुबह पाँच बजे से कुश्ती के दाँवपेच सीखने वाले 'अर्जुन पुरस्कार' विजेता सुशील ने अगले ही साल मई 2007 में सीनियर एशियाई चैम्पियनशिप में 'रजत पदक' जीता और फिर कनाडा में आयोजित राष्ट्रमंडल कुश्ती प्रतियोगिता में 'स्वर्ण पदक' हासिल किया। ओलंपिक खेलों के लिए पटियाला के 'राष्ट्रीय क्रीडा संस्थान' में विदेशी कोच से ट्रेनिंग लेने वाले सुशील ने इस साल कोरिया में आयोजित सीनियर एशियाई कुश्ती चैम्पियनशिप में काँस्य पदक जीता था। ओलंपिक में भाग लेने के लिए भारतीय कुश्ती महासंघ ने सुशील कुमार की बेलारूस के प्रशिक्षक हाल्देमीर की देखरेख में बेलारूस में तीन हफ्तों तक कड़ी मेहनत करवाई है।

बीजिंग ओलंपिक में

20 अगस्त को बीजिंग में हुए मुकाबले में सुशील का मुकाबला कजाखस्तानी पहलवान स्प्रिडोनोव से हुआ। यह मुकाबला 2–2 से बराबरी पर था। नतीजा निकालने के लिये टॉस किया गया जिसके आधार पर लियोनिद को पहला दांव खेलने का मौका दिया गया मगर सुशील ने उन्हें अपने दांव में उलझाकर बाजी मार ली। अंतरराष्ट्रीय कुश्ती के इतिहास में यह पहला मौका था जब किसी भारतीय पहलवान ने टाईब्रेक में टॉस हारने के बावजूद जीत हासिल की। यूक्रेन के आंद्री स्तादनिक के हाथों प्री–क्वॅाटरफाइनल मुकाबले में हार के साथ ही सुशील का सफर खत्म लग रहा था मगर पहले राउंड में बाई मिलने के कारण रेपचेज पाने की वजह से भारत के लिये उम्मीद की किरण बरकरार थी। सुशील ने कांस्य पदक जीतकर इस मद्धिम किरण को रोशनी बिखेरती लौ में तब्दील कर दिया। स्पर्द्धा के पहले दौर में हार के बाद सुशील ने जोरदार वापसी करते हुए अमरीका के डॉफ श्वाब, बेलारूसके अलबर्ट बतीरोव और अंततरू कजाकिस्तान के लियोनिद को हराया था।

लंदन ओलंपिक में

फाइनल मुकाबले में रजत पदक जीतकर लगातार दो ओलंपिक मुकाबलों में व्यक्तिगत पदक जीतने वाले पहले भारतीय खिलाड़ी बन गए हैं।

46

पं. भीमसेन जोशी

Pandit Bhimsen Joshi

भीमसेन जोशी

भारतीय शास्त्रीय संगीत के महान विद्वान् और किराना घराने से संबंधित विश्वविख्यात गायक भीमसेन जोशी का जन्म 4 फरवरी, 1922 को कर्नाटक के गडक शहर के एक ब्राह्मण परिवार में हुआ था। उनके पिता गुरुराज जोशी एक स्कूल शिक्षक थे। पंडित जोशी को बचपन से ही संगीत का बहुत शौक था। वह किराना घराने के संस्थापक अब्दुल करीम खान से बहुत प्रभावित थे।

गुरु की तलाश में वर्ष 1936 में पंडित भीमसेन जोशी ने जाने–माने ख्याल गायक और अब्दुल करीम खान के शिष्य सवाई गंधर्व पंडित रामभन कुंडगोलकर से गडग के नजदीक कुंडगोल में संगीत की विभिन्न विधाओं का एक समर्पित शिष्य की तरह प्रशिक्षण प्राप्त किया। वहाँ उन्होंने सवाई गंधर्व से कई वर्षों तक ख्याल गायकी की बारीकियाँ भी सीखीं। पंडित भीमसेन जोशी ने अपनी विशिष्ट शैली विकसित करके किराना घराने को समृद्ध किया और दूसरे घरानों की विशिष्टताओं को भी अपने गायन में समाहित किया।

जनवरी, 1946 में पुणे में उनके गुरू स्वामी गंधर्व के 60वें जन्मदिन के मौके पर आयोजित एक समारोह से उन्हें पहचान मिली। उनकी ओजस्वी

वाणी, सांस पर अद्‌भुत नियंत्रण और संगीत की गहरी समझ उन्हें दूसरे गायकों से पूरी तरह अलग करती थी।

1943 में वे मुंबई पहुँच गए और एक रेडियो आर्टिस्ट की हैसियत से काम किया। सिर्फ 22 साल की उम्र में उनका पहला एलबम लोगों के सामने आया। संगीत की दुनिया में तो उन्होंने एक से एक कीर्तिमान स्थापित किए लेकिन 1985 में बने वीडियो 'मिले सुर मेरा तुम्हारा' की वजह से तो वो भारत के हर घर में पहचाने जाने लगे।

पंडित जोशी को लोग गीत 'पिया मिलन की आस', 'जो भजे हरि को सदा' और 'मिले सुर मेरा तुम्हारा' आदि के लिए याद करते हैं। उन्होंने कई फिल्मों में सदाबहार गानों के लिए अपनी आवाज दी।

भीमसेन जोशी को पद्‌मश्री (1972), संगीत नाटक अकादेमी पुरस्कार (1976), पद्‌म भूषण (1985) और पद्‌म विभूषण (1999) जैसे प्रतिष्ठित पुरस्कारों से नवाजा गया और वर्ष 2008 में उन्हें सरकार की तरफ से भारत के सर्वोच्च नागरिक सम्मान **'भारत रत्न'** पुरस्कार से सम्मानित किया गया।

यह पंडित भीमसेन जोशी जी की मेहनत और कुशलता का ही परिणाम है कि आज भारतीय शास्त्रीय संगीत की विश्व भर में पहचान बनी हुई है। भीमसेन जोशी का 89 वर्ष की आयु में लंबे समय से बीमारी के बाद निधन हो गया। भारत अपने इस रत्न को हमेशा याद रखेगा और उसकी कमी को महसूस करेगा।

47

पं. रविशंकर

Pandit Ravishankar

पंडित रविशंकर

पंडित रविशंकर का जन्म 7 अप्रैल, 1920 को बनारस में हुआ था। उन्होंने संगीत की शिक्षा उस्ताद अलाउद्दीन खां से ली थी। वह लंबे समय तक तबला उस्ताद अल्ला रक्खा खां, किशन महाराज और सरोद वादक उस्ताद अली अकबर खां के साथ भी जुड़े रहे। शुरुआत में वह नृत्य में रुचि रखते थे लेकिन अठारह वर्ष की उम्र मे उन्होंने नृत्य छोड़कर सितार सीखना शुरू किया।

सितारवादक पंडित रविशंकर ने भारतीय शास्त्रीय संगीत को नई पहचान दी। पंडित रविशंकर को सदी के सबसे महान संगीतकारों में गिना जाता है। पश्चिम में उनकी लोकप्रियता शानदार थी। कहा जाता है कि रविशंकर के संगीत में आध्यात्मिक शांति छिपी थी।

कैरियर

पंडित रविशंकर को एक सितारवादक के रूप में निखारने और उनके जीवन की दिशा तय करने में उनके बड़े भाई उदय शंकर का काफी योगदान रहा। बचपन में आठ साल की उम्र से ही वह अपने बड़े भाई के साथ रहे और इस दौरान अमरीका और यूरोप के कई दौरे किए। जिससे इन देशों के लोगों की पसंद और उनके मन को परखने में उन्हें काफी मदद मिली।

पंडित रविशंकर ने पहला कार्यक्रम 10 साल की उम्र में दिया था। भारत में पंडित रविशंकर ने पहला कार्यक्रम 1939 में दिया। देश के बाहर पहला कार्यक्रम उन्होंने 1954 में तत्कालीन सोवियत संघ में दिया और यूरोप में पहला कार्यक्रम 1956 में दिया।

बीटल्स ग्रुप और जॉर्ज हैरीसन जैसे प्रख्यात अंतरराष्ट्रीय संगीतकार भी उन्हें अपना प्रेरणा स्त्रोत मानते थे। पंडित रविशंकर के मुताबिक उनके जीवन की प्रेरणा संगीत था।

भारतीय सिनेमा की महानतम फिल्म 'पाथेर पांचाली' में पंडित रविशंकर ने ही संगीत दिया था। अपु–त्रयी की तीनों फिल्मों में पंडित रविशंकर का ही संगीत था। अपु–त्रयी का निर्माण 'सत्यजित रे' ने किया था। पंडित रविशंकर ने हिंदी फिल्म 'अनुराधा' में भी संगीत दिया था। पंडित रविशंकर 1986 में राज्यसभा के मानद सदस्य भी नामित किए गए थे।

जब वह ब्रिटेन के कॉन्सर्टस कर रहे थे तब बी.बी.सी. के एक इंटरव्यू में उनसे पूछा गया कि 91 वर्ष से अधिक आयु में भी वह जवानों जैसा जोश कहाँ से लाते हैं? तब उन्होंने कहा, "भले ही मेरा शरीर 91 वर्ष का हो गया है, लेकिन मेरा मन तो अब भी जवान है।" इस उम्र में भी उनमें संगीत का जुनून कम नहीं हुआ। इस महान् सितारवादक का 92 वर्ष की उम्र में निधन हो गया।

48

पंडित हरिप्रसाद चौरसिया
Pandit Hariprasad Chaurasia

पंडित हरिप्रसाद चौरसिया

बांसुरी भारत में प्रेम और स्वर को मिलाने वाले वाद्य यंत्र के रुप में जानी जाती है। बांसुरी की मधुर ध्वनि किसी को भी मंत्रमुग्ध करने के लिए पर्याप्त होती है। भारत में महान् बांसुरी वादक हैं पंडित हरिप्रसाद चौरसिया। पंडित हरिप्रसाद का लगाव संगीत से वैसा ही है जैसा इंसान का उसके साए के साथ।

जीवन–परिचय

बांसुरी वादक पंडित हरिप्रसाद चौरसिया का जन्म 1 जुलाई, 1938 को इलाहाबाद में हुआ था। इनके पिता पहलवान थे। उनका लगाव कुश्ती की तरफ नहीं रहा। अपने पड़ोसी पंडित राजाराम से उन्होंने संगीत की बारीकियां सीखीं। इसके बाद बांसुरी सीखने के लिए वह वाराणसी के पंडित भोलानाथ प्रसाना के पास गए। संगीत सीखने के बाद उन्होंने काफी समय ऑल इंडिया रेडियो के साथ भी काम किया।

संगीत में उत्कृष्टता हासिल करने की खोज उन्हें बाबा अलाउद्दीन खां की सुयोग्य पुत्री और शिष्या अन्नापूर्णा देवी की शरण में ले गयी, जो उस समय एकांतवास कर रही थीं और सार्वजनिक रूप से वादन और गायन नहीं

करती थीं। अन्नपूर्णा देवी की शागिर्दी में उनकी प्रतिभा में और निखार आया और उनके संगीत को जादुई स्पर्श मिला। आज पंडित हरिप्रसाद चौरसिया जब बांसुरी वादन करते हैं तो उनकी लयकारी और ताल बहुत ही अनूठी और विलक्षण होती है। हरिप्रसाद चौरसिया की पत्नी का नाम अनुराधा और बेटे का नाम राजीव है।

अपनी बेहतरीन बांसुरी वादन कला की वजह से उन्हें राष्ट्रीय और अंतरराष्ट्रीय स्तर के कई सम्मानों से सम्मानित भी किया गया। उन्हें 1984 में 'संगीत नाटक अकादेमी' के पुरस्कार से और 1992 में 'पद्म भूषण' से सम्मानित किया गया। साल 2000 में संगीत के क्षेत्र में विशेष सहयोग देने के लिए उन्हें पद्म विभूषण से भी सम्मानित किया गया।

इसके साथ उन्हें कई अंतरराष्ट्रीय सम्मानों से भी नवाजा गया। बांसुरी वादक हरिप्रसाद चौरसिया को फ्रांसीसी सरकार का 'नाइट ऑफ दि आर्डर ऑफ आर्ट्स एंड लेटर्स' पुरस्कार और ब्रिटेन के शाही परिवार की तरफ से भी उन्हें सम्मान मिला है।

भारतीय बांसुरी वादन कला को विश्व स्तर पर पहचान दिलाने में पंडित जी की भूमिका प्रशंसनीय है। उम्मीद है कि आगे भी वह अपनी बांसुरी से दुनिया भर में देश का नाम रोशन करते रहेंगे।

49

जाकिर हुसैन

Zakir Husain

जाकिर हुसैन

संगीत एक कला ही नहीं बल्कि एक साधना भी है। इसमें सफलता के शिखर पर वही पहुँच सकता है जिसे संगीत से प्रेन हो और जो संगीत की पूजा करना जानता हो। तबला हो या शहनाई सभी वाद्य यंत्रों का भारतीय संगीत में विशेष महत्व है भारत में ऐसे कई संगीतकार हैं जो इन वाद्य यंत्रों को बजाने में बहुत ही प्रसिद्ध हैं। मशहूर तबला वादक जाकिर हुसैन भी संगीत के फनकार और तबला बजाने में माहिर हैं।

जीवन–परिचय

जाकिर हुसैन का जन्म 09 मार्च, 1951 को हुआ था। जाकिर हुसैन मशहूर तबला वादक कुरैशी अल्ला रखा खान के पुत्र हैं। अल्ला खान भी तबला बजाने में माहिर माने जाते थे। जाकिर हुसैन का बचपन मुंबई में ही बीता। प्रारंभिक शिक्षा और कॉलेज के बाद जाकिर हुसैन ने कला के क्षेत्र में अपने आप को स्थापित करना शुरु कर दिया।

बारह साल की उम्र से ही जाकिर हुसैन ने संगीत की दुनिया में अपने तबले की आवाज को बिखेरना शुरु कर दिया था। 1973 में उनका पहला

एलबम "लिविंग इन द मैटेरियल वर्ल्ड" आया था। उसके बाद तो जैसे जाकिर हुसैन ने ठान लिया कि अपने तबले की आवाज को दुनिया भर में बिखेरेंगे। 1973 से लेकर 2007 तक जाकिर हुसैन विभिन्न अंतरराष्ट्रीय समारोहों और एलबमों में अपने तबले का दम दिखाते रहे। जाकिर हुसैन भारत में तो बहुत ही प्रसिद्ध हैं ही साथ ही विश्व के विभिन्न हिस्सों में भी समान रुप से लोकप्रिय हैं।

अपने इस हुनर के लिए जाकिर हुसैन को कई सम्मान और पुरस्कार भी मिले हैं। 1988 में जब उन्हें **'पद्मश्री'** का पुरस्कार मिला था तब वह महज 37 वर्ष के थे और इस उम्र में यह पुरस्कार पाने वाले सबसे कम उम्र के व्यक्ति भी। इसी तरह 2002 में संगीत के क्षेत्र में उनके योगदान के लिए उन्हें **'पद्म भूषण'** का पुरस्कार दिया गया था।

जाकिर हुसैन को 1992 और 2009 में संगीत का सबसे प्रतिष्ठित पुरस्कार **'ग्रैमी अवार्ड'** भी मिला है।

आज भी जाकिर हुसैन के तबले का जादू बरकरार है और वक्त के साथ उम्मीद है आगे भी जारी रहेगा।

50

शिवकुमार शर्मा
Shivkumar Sharma

शिवकुमार शर्मा

पंडित शिवकुमार शर्मा (जन्म 13 जनवरी, 1938, जम्मू) प्रख्यात भारतीय संतूर वादक हैं। संतूर एक कश्मीरी लोक वाद्य होता है। इनका जन्म जम्मू में गायक पंडित उमा दत्त शर्मा के घर हुआ था। 1999 में रीडिफ.कॉम को दिये एक साक्षात्कार में उन्होंने बताया कि इनके पिता ने इन्हें तबला और गायन की शिक्षा तब से आरंभ कर दी थी, जब ये मात्र पाँच वर्ष के थे। इनके पिता ने संतूर वाद्य पर अत्यधिक शोध किया, और यह दृढ़ निश्चय किया कि शिवकुमार प्रथम भारतीय बनें जो भारतीय शास्त्रीय संगीत को संतूर पर बजायें। तब इन्होंने 13 वर्ष की आयु से ही संतूर बजाना आरंभ किया, और आगे चलकर इनके पिता का स्वप्न पूरा हुआ। इन्होंने अपना पहला कार्यक्रम बंबई में 1955 में किया था।

शिवकुमार शर्मा संतूर के महारथी होने के साथ–साथ एक अच्छे गायक भी हैं। एकमात्र इन्हें ही संतूर को लोकप्रिय शास्त्रीय वाद्य बनाने में पूरा श्रेय जाता है। इन्होंने संगीत साधना आरंभ करते समय कभी संतूर के विषय में सोचा भी नहीं था। इनके पिता ने ही निश्चय किया कि ये संतूर बजाया करें। इनका प्रथम एकल एल्बम 1960 में आया। 1965 में इन्होंने निर्देशक वी

शांताराम की नृत्य–संगीत के लिए प्रसिद्ध हिन्दी फिल्म 'झनक झनक पायल बाजे' का संगीत दिया।

1967 में इन्होंने प्रसिद्ध बांसुरी वादक पंडित हरिप्रसाद चौरसिया और पंडित बृजभूषण काबरा की संगत से एल्बम 'कॉल ऑफ द वैली' बनाया, जो शास्त्रीय संगीत में बहुत ऊँचे स्थान पर गिना जाता है। इन्होंने पं. हरि प्रसाद चौरसिया के साथ कई हिन्दी फिल्मों में संगीत दिया है। फिल्म संगीत का श्रीगणेश 1980 में 'सिलसिला' से हुआ था। इन्हें 'शिव–हरि' नाम से प्रसिद्धि मिली। इनकी कुछ उल्लेखनीय फिल्में में 'फासले' (1985), 'चाँदनी' (1989), 'लम्हे' (1991), और 'डर' (1993) हैं।

पंडित शर्मा की पत्नी का नाम मनोरमा शर्मा है। जिनसे इन्हें दो पुत्र हुए। इनके ज्येष्ठ पुत्र राहुल शर्मा भी संतूर–वादक हैं। ये पिता–पुत्र 1993 से साथ–साथ संतूर–वादन करते आ रहे हैं। शर्मा जी ने राहुल को ईश्वर का वरदान मानते हुए अपना शिष्य बनाया और संतूर–वादन में पारंगत किया।

51

बिरजू महाराज
Birju Maharaj

बिरजू महाराज

बिरजू महाराज या पंडित बिरजू महाराज प्रसिद्ध कथक नर्तक एवम् शास्त्रीय गायक हैं।

पद्म विभूषण से सम्मानित, जाने माने कत्थक गुरू पंडित बिरजू महाराज मानते हैं कि नृत्य और संगीत में प्रयोग कतई गलत नहीं है, बशर्ते कलाकार उसके दायरे को पहचाने और अपनी पहचान को कायम रखे। संगीत और नृत्य की तमाम विधाओं में निपुण बिरजू महाराज वर्तमान भारतीय फिल्मों में नृत्य को लेकर हो रहे प्रयोगों के प्रति चिंतित भी हैं। आज कत्थक को एक मुकाम तक पहुँचाने वाले लखनऊ घराने के इस कलाकार का शुरुआती दौर संघर्ष का रहा और इसीलिए वो आज भी अपने को गुरू के अलावा एक अच्छा शागिर्द और शिष्य मानते हैं।

जीवन-परिचय

कत्थक और बिरजू महाराज का साथ कैसे हुआ, कुछ शुरुआती दिनों की स्मृतियों से बताएँ।

मेरा जन्म ही लखनऊ के एक बड़े कत्थक घराने में हुआ. पिता अच्छन

महाराज, चाचा शंभू महाराज का खासा नाम था पर जब मैं केवल नौ वर्ष का था, पिता जी गुजर गए। एक वक्त घर में नौकर थे, पर पिताजी के देहांत के बाद कर्ज और गरीबी का दौर झेला। एक वक्त था जब घर में घोड़े–गाड़ी, आठ–आठ नौकर थे, सब कुछ था पर पिताजी के गुजर जाने के बाद कर्ज में भी रहे और गरीबी का दौर भी झेला।

उन दिनों न टेप था, न रेडियो था, हाँ मगर दिमाग पर उस वक्त जो याददाश्त कायम हो पाई थी, वो आज भी वैसी ही है। हमारी गुरूबहन कपिला वात्स्यायन उन दिनों लखनऊ आईं और वह मुझे अपने साथ दिल्ली ले आईं. इसी तरह मेरी कथक यात्रा शुरू हुई।

छोटी उम्र में पिता को खोना, बड़े घराने से होने के कारण लोगों की आपसे अपेक्षाएँ और आपकी अपनी पहचान की लड़ाई, उस शुरुआती दौर के संघर्ष को कैसे याद करते हैं?

दिल्ली में शुरुआत के दिन काफी संघर्ष भरे थे। 175 रूपए की नौकरी थी। जामा मस्जिद से खरीदी हुई रॉबिन हुड साइकिल मेरे पास आज भी रखी है। उन दिनों पाँच और नौ नंबर की बसें दिल्ली में चलती थीं। कनॉट प्लेस से दरियागंज के लिए। मैंने कोलकात्ता से अपने सफलता के सफर की शुरुआत की और फिर मुंबई में काफी आगे बढ़ा। मैं कोलकाता को अपनी माँ और मुंबई को अपना पिता कहता हूँ।

कथक घराने की परंपरा

घराना वहाँ होता है जहाँ कोई काम पुश्तैनी तौर पर हो। हमारे यहाँ से तमाम कला साधकों के अलावा भांडों, तवायफों, अलग–अलग जगह के लोगों ने भी सीखा और जो अच्छा करते थे वो अपने को शागिर्द कहते थे। पर बाद में वो जहाँ के थे, उसी घराने के नाम से बताए जाने लगे। मैं इस बहस में ज्यादा नहीं जाता क्योंकि मेरा मानना है कि अगर कोई अंग्रेज़ भी अगर अच्छा कर रहा है और उसकी कला की तासीर हमें आनंद दे तो वह व्यक्ति भी अपने आप में एक घराना है।

शैली

प्रयोग का आपकी कला और जीवन में कितना महत्व रहा है?

मैंने कई तरह के प्रयोग किए हैं और मैं इसका विरोध नहीं करता हूँ पर इसका भी एक दायरा होना चाहिए। प्रयोग हो पर उसके साथ अपनी पहचान भी। प्रयोग के साथ अपनी पहचान नहीं खोनी चाहिए।

आज की फिल्मों में शास्त्रीय नृत्य को लेकर हो रहे प्रयोगों को किस रूप में देख रहे हैं?

आज इतने तरह के संसाधन और लोगों की पहुँच बढ़ गई है लेकिन 50 वर्ष पहले की फिल्मों को देखें तो कोठे से लेकर कॉमेडी तक कथक का प्रयोग फिल्मों में दिखता था और लच्छू महाराज जैसे लोगों ने तो नृत्य निर्देशन में भी इसका खूब इस्तेमाल किया है। आज तो पश्चिमी प्रभाव के आने के बाद उसे फ्यूजन कहें या फिर कन्फ्यूजन कहें, नए तरह का नाच सामने है पर यह सब ज़्यादा दिनों तक नहीं टिकेगा।

52

ए.आर. रहमान
A.R. Rehman

ए.आर. रहमान

संगीत वही है जो दिल को छू जाए हमेशा ही भारत में संगीत एक कला नहीं बल्कि पूजा की तरह पूजनीय माना जाता रहा है। संगीत के फनकार ए.आर. रहमान के गाने इंसान को झूमने को मजबूर कर देते हैं।

ए.आर. रहमान को संगीत की दुनिया का बादशाह कहा जाता है। आज ए.आर. रहमान की छवि एक अंतरराष्ट्रीय संगीतकार की है जो कई बड़ी हस्तियों के साथ काम कर चुके हैं और लगातार विदेशी गानों को अपने संगीत से सजा भी रहे हैं।

ए.आर. रहमान का जन्म 6 जनवरी, 1966 को चेन्नई में हुआ था। जन्म के समय उनके माता-पिता ने उनका नाम दिलीप कुमार रखा था। रहमान को संगीत अपने पिता से विरासत में मिली थी। उनके पिता आर.के. शेखर मलयाली फिल्मों में संगीत देते थे।

रहमान ने संगीत की आरंभिक शिक्षा मास्टर धनराज से प्राप्त की 1991 में पहली बार रहमान ने गाना रिकॉर्ड करना शुरू किया। शुरुआत में उन्होंने विज्ञापनों और डॉक्यूमेंट्री फिल्मों में संगीत दिया। हिन्दी फिल्मों के लिए

उन्होंने 1992 में पहली बार फिल्म 'रोज़ा' के लिए देकर ऐसा जादू बिखेरा जो आज भी कायम है। फिल्म 'रोज़ा' के संगीत को टाइम्स पत्रिका ने टॉप टेन मूवी 'साउंडट्रैक ऑफ ऑल टाइम इन' 2005 में जगह दी। उसके बाद देश की आजादी की 50 वीं वर्षगाँठ पर 1997 में "वंदे मातरम" एलबम बनाया, जो जबरदस्त सफल रहा था। उन्होंने जाने–माने कोरियोग्राफर प्रभुदेवा और शोभना के साथ मिलकर तमिल सिनेमा के डांसरों का ग्रुप बनाया, जिसने माइकल जैक्सन के साथ मिलकर स्टेज कार्यक्रम दिए।

ए.आर. रहमान को कर्नाटकी, पाश्चात्य शास्त्रीय संगीत, हिन्दुस्तानी संगीत में महारत हासिल है।

रहमान को अब तक सर्वाधिक 14 **'फिल्मफेयर अवार्ड'**, 11 **'फिल्मफेयर अवार्ड साउथ'**, चार **'राष्ट्रीय पुरस्कार'**, दो **'अकादमी'**, दो **'ग्रेमी अवार्ड'** और एक **'गोल्डन ग्लोब अवार्ड'** मिले हैं। उनके 'स्लमडॉग मिलेनियर' के गाने "जय हो" के लिए तो उन्हें **'ऑस्कर पुरस्कार'** से भी नवाजा गया था। साल 2000 में **'पद्मश्री'** और 2010 में **'पद्म विभूषण'** से भी नवाजा गया है।

ए.आर. रहमान की पत्नी का नाम सायरा बानो है। उनके तीन बच्चे हैं– खदीजा, रहीम और अमन। ए.आर. रहमान को उनके संगीत के नएपन के लिए ही सराहा जाता है। हाल ही में उन्होंने "रॉकस्टार" में एक बेहतरीन गाना दिया है।

53

बड़े गुलाम अली खां

Bade Gulam Ali Khan

बड़े गुलाम अली खां

उस्ताद बड़े गुलाम अली खां (2 अप्रैल 1902–23 अप्रैल 1968) हिन्दुस्तानी शास्त्रीय संगीत के पटियाला घराने के गायक थे। उनकी गणना भारत के महानतम गायकों और संगीतज्ञों में की जाती है। इनका जन्म लाहौर के निकट कसूर नामक स्थान पर पाकिस्तान में हुआ था, पर इन्होंने अपना जीवन अलग समयों पर लाहौर, बम्बई, कोलकाता और हैदराबाद में व्यतीत किया। प्रसिद्ध गजल गायक गुलाम अली इनके शिष्य थे। इनका परिवार संगीतज्ञों का परिवार था। बड़े गुलाम अली खां की संगीत की दुनिया का प्रारंभ सारंगी वादक के रूप में हुआ। बाद में उन्होंने अपने पिता अली बख्श खां, चाचा काले खां और बाबा शिंदे खां से संगीत के गुर सीखे। इनके पिता महाराजा कश्मीर के दरबारी गायक थे और वह घराना कश्मीरी घराना कहलाता था। जब ये लोग पटियाला जाकर रहने लगे तो यह घराना 'पटियाला घराना' के नाम से जाना जाने लगा। अपने सधे हुए कंठ के कारण बड़े गुलाम अली खा ने बहुत प्रसिद्धी पाई। सन् 1919 के लाहौर संगीत सम्मेलन में बड़े गुलाम अली खां ने अपनी कला का पहली बार सार्वजनिक प्रदर्शन किया। इनके कोलकाता

और इलाहाबाद के संगीत सम्मेलनों ने उन्हें देशव्यापी ख्याति दिलाई। उन्होंने अपनी बेहद सुरीली और लोचदार आवाज तथा अभिनव शैली के बूते ठुमरी को एकदम नये अंदाज में ढाला जिसमें लोक संगीत की मिठास और ताजगी दोनों मौजूद थी। संगीत समीक्षकों के अनुसार उस्ताद खां ने अपने प्रयोगधर्मी संगीत की बदौलत ठुमरी की बोल बनाव शैली से परे जाकर उसमें एक नयी ताजगी भर दी। उनकी इस शैली को ठुमरी के पंजाब अंग के रूप में जाना जाता है। वे अपने खयाल गायन में ध्रुपद, ग्वालियर घराने और जयपुर घराने की शैलियों का खूबसूरत संयोजन करते थे। बड़े गुलाम अली खां के मुँह से एक बार 'राधेश्याम बोल' भजन सुनकर महात्मा गाँधी बहुत प्रभावित हुए थे। 'मुगले आजम' फिल्म में तानसेन पात्र के लिए उन्होंने ही अपनी आवाज दी थी। भारत सरकार ने 1962 ई. में उन्हें **'पद्मभूषण'** से सम्मानित किया था। **23 अप्रैल, 1968 ई. को बड़े गुलाम अली खां का देहावसान हो गया।**

54

आशा भोंसले

Asha Bhonsle

आशा भोंसले

आशा भोंसले (जन्म 8 सितम्बर 1933) हिन्दी फिल्मों की मशहूर पार्श्वगायिका हैं। लता मंगेशकर की छोटी बहन और दीनानाथ मंगेशकर की पुत्री आशा ने फिल्मी और गैर फिल्मी लगभग 16 हजार से अधिक गाने गाये हैं और इनकी आवाज के प्रशंसक पूरी दुनिया में फैले हुए हैं। आशा की विशेषता है कि इन्होंने शास्त्रीय संगीत, गजल और पॉप संगीत हर क्षेत्र में अपनी आवाज का जादू बिखेरा है और एक समान सफलता पाई है। उन्होने आर. डी. बर्मन से शादी की थी।

जीवन-परिचय

आशा भोसले का जन्म 8 सितम्बर, 1933 को महाराष्ट्र के 'सांगली' में हुआ। इनके पिता दीनानाथ मंगेसकर प्रसिद्ध गायक एवं नायक थे जिन्होंने शास्त्रीय संगीत की शिक्षा काफी छोटी उम्र में ही आशा जी को दी। आशा जी जब केवल 9 वर्ष की थीं, इनके पिता की मृत्यु हो गई। पिता के मरणोपरांत, इनका परिवार पुणे से कोल्हापुर और उसके बाद बम्बई आ गया। परिवार की सहायता के लिए आशा और इनकी बड़ी बहन लता मंगेसकर ने गाना और फिल्मों में अभिनय शुरू कर दिया। 1943 में इन्होने अपनी पहली फिल्म

(मराठी) 'माझा बाळ' में गीत गाया। यह गीत 'चला चला नव बाळा...' दत्ता दवाजेकर के द्वारा संगीतबद्ध किया गया था। 1948 में हिन्दी फिल्म 'चुनरिया' का गीत 'सावन आया...' हंसराज बहल के लिए गाया। फिल्म, संगीत, पॉप, गजल, भजन, भारतीय शास्त्रीय संगीत, क्षेत्रीय गीत, कव्वाली, रवीन्द्र संगीत और नजरूल गीत इनके गीतों मे सम्मिलित है। इन्होंने 14 से ज्यादा भाषाओं मे गीत गाए। मराठी, असमिया, हिन्दी, उर्दू, तेलगू, मराठी, बंगाली, गुजराती, पंजाबी, तमिल, अंग्रेजी, रशियन, नेपाली, मलय और मलयालम। 12000 से अधिक गीतों को आशा जी ने आवाज दी।

व्यक्तिगत जीवन

16 वर्ष की उम्र में अपने 31 वर्षीय प्रेमी 'गणपत राव भोसले' (1916–1966) के साथ घर से पलायन कर पारिवारिक इच्छा के विरूद्ध विवाह किया। गणपत राव लता जी के निजी सचिव थे। यह विवाह असफल रहा। पति एवं उनके भाइयों के बुरे वर्ताव के कारण इस विवाह का अन्त हो गया। 1960 के आसपास विवाह विच्छेद के बाद आशा जी अपनी माँ के घर दो बच्चों और तीसरे गर्भस्थ शिशु (आनन्द) के साथ लौट आईं। 1980 ई. में आशा जी ने 'राहुल देव वर्मन' (पंचम) से विवाह किया। यह विवाह आशा जी ने राहुल देव वर्मन के अंतिम सांसो तक सफलतापूर्वक निभाया।

फिल्म जो मिल का पत्थर साबित हुई

आशा भोसले जी के गायिकी के कैरियर मे चार फिल्में मिल का पत्थर, साबित हुई– नया दौर (1957), तीसरी मंजिल (1966), उमरॉव जान (1981) और रंगीला (1995)।

गायिकी के क्षेत्र मे संघर्ष

एक समय जब प्रसिद्ध गायिका– गीता दत, शमशाद बेगम और लता मंगेसकर का जमाना था। चारो ओर इन्ही का प्रभुत्व था। आशा जी गाना चाहती थी पर इन्हे गाने का मौका तक नहीं दिया जाता था। आशा जी सिर्फ दूसरे दर्जे की फिल्मों के लिए ही गा पाती थी। 1950 के दशक में बॉलीवुड के अन्य गायिकाओं की तुलना में आशा जी ने कम बजट की 'बी' और 'सी'

ग्रेड फिल्मों के लिए बहुत से गीत गाए। 1952 ई. मे दिलीप कुमार अनिनीत फिल्म 'संगदिल' जिसके संगीतकार सज्जाद हुसैन थे, ने प्रसिद्धि दिलाई। परिणामस्वरूप विमल राय ने एक मौका आशा जी को अपनी फिल्म 'परिणीता' (1953) के लिए दिया। राज कपुर ने गीत 'नन्हे मुन्ने बच्चे....' के लिए मोहम्मद रफी के साथ फिल्म 'बुट पॉलिश' (1954) के लिए अनुबंधित किया जिसने काफी प्रसिद्धि आशा जी को दिलाई। ओ.पी. नैयर ने आशा जी को बहुत बड़ा अवसर 'सी. आई. डी.' (1956) के गीत गाने के लिए दिया। 1995 की हिट फिल्म 'रंगीला' से एक बार पुनः अपनी दूसरी पारी का आरंभ किया। 2005 में 72 वर्षीय आशा जी ने तमिल फिल्म 'चन्द्रमुखी' और पॉप संगीत 'लक्की लिप्स...' सलमान खान अभिनित के लिए गाया जो चार्ट बस्टर में प्रसिद्ध रहा। अक्टूबर 2004, 'द वेरी बेस्ट ऑफ आशा भोसले', 'द क्वीन ऑफ बॉलीवुड' आशा जी के द्वारा गाए गीतों का एलबम (1966–2003) रिलिज किया गया।

सम्मान एवं विशेष पहचान

1997 में आशा जी पहली भारतीय गायिका बनी जो **'ग्रेमी अवार्ड'** के लिए नामांकित की गई (उस्ताद अली अकबर खान के साथ एक विशेष एलबम के लिए)

आशा जी ने "सत्तरहवी महाराष्ट्र स्टेट अवार्ड" प्राप्त की।

भारतीय सिनेमा में उत्कृष्ट योगदान के लिए सन् 2000 मे "दादा साहेब फाल्के अवार्ड" से सम्मानित की गई।

"पद्म विभूषण" से तत्कालीन राष्टपति प्रतिभा देवी सिंह पाटिल ने 5 मई, 2008 को आशा जी को सम्मानित किया। यह सम्मान भारत सरकार के महत्वपूर्ण सम्मानों में से एक है।

55

जगजीत सिंह

Jagjit Singh

जगजीत सिंह

जगमोहन सिंह (8 फरवरी 1941–10 अक्टूबर, 2011) का नाम बेहद लोकप्रिय गजल गायकों में शुमार हैं। उनका संगीत अंत्यंत मधुर है, और उनकी आवाज संगीत के साथ खूबसूरती से घुल–मिल जाती है। खालिस उर्दू जानने वालों की मिल्कियत समझी जाने वाली, नवाबों–रक्कासाओं की दुनिया में झनकती और शायरों की महफिलों में वाह–वाह की दाद पर इतराती गजलों को आम आदमी तक पहुँचाने का श्रेय अगर किसी को पहले पहल दिया जाना हो तो जगजीत सिंह का ही नाम जुबां पर आता है। उनकी गजलों ने न सिर्फ उर्दू के कम जानकारों के बीच शेरो–शायरी की समझ में इजाफा किया बल्कि गालिब, मीर, मजाज, जोश और फिराक जैसे शायरों से भी उनका परिचय कराया। जगजीत सिंह को सन् 2003 में भारत सरकार द्वारा कला के क्षेत्र में पद्म्भूषण से सम्मानित किया गया।

जीवन-परिचय

जगजीत सिंह का जन्म 8 फरवरी, 1941 को राजस्थान के गंगानगर में हुआ था। पिता सरदार अमर सिंह धमानी भारत सरकार के कर्मचारी थे। जगजीत जी का परिवार मूलतः पंजाब के रोपड़ जिले के दल्ला गाँव का रहने वाला

है। माँ बच्चन कौर पंजाब के ही समरल्ला के उट्टालन गांव की रहने वाली थीं। जगजीत का बचपन का नाम जीत था। करोड़ों सुनने वालों के चलते सिंह साहब कुछ ही दशकों में जग को जीतने वाले जगजीत बन गए। शुरूआती शिक्षा गंगानगर के खालसा स्कूल में हुई और बाद में पढ़ने के लिए जालंधर आ गए। डीएवी कॉलेज से स्नातक की डिग्री ली और इसके बाद कुरूक्षेत्र विश्वविद्यालय से इतिहास में पोस्ट ग्रेजुएशन भी किया। अपने बचपन के दिनों की याद करते हुए वे कहते थे, "एक लड़की को चाहा था। जालंधर में पढ़ाई के दौरान साइकिल पर ही आना–जाना होता था। लड़की के घर के सामने साइकिल की चैन टूटने या हवा निकालने का बहाना कर बैठ जाते और उसे देखा करते थे। बाद में यही सिलसिला बाइक के साथ जारी रहा। पढ़ाई में दिलचस्पी नहीं थी। कुछ क्लास में तो दो–दो साल गुजारे।" जालंधर में ही डीएवी कॉलेज के दिनों गर्ल्स कॉलेज के आसपास बहुत फटकते थे। एक बार अपनी चचेरी बहन की शादी में जमी महिला मंडली की बैठक में जाकर गीत गाने लगे थे। पूछे जाने पर कहते हैं कि सिंगर नहीं होते तो धोबी होते।

संगीत का सफर

बचपन में अपने पिता से संगीत विरासत में मिला। गंगानगर में ही पंडित छगन लाल शर्मा के सानिध्य में दो साल तक शास्त्रीय संगीत सीखने की शुरूआत की। आगे जाकर सैनिया घराने के उस्ताद जमाल खान साहब से ख्याल, ठुमरी और ध्रुपद की बारीकियां सीखीं। पिता की ख्वाहिश थी कि उनका बेटा भारतीय प्रशासनिक सेवा (आईएएस) में जाए लेकिन जगजीत पर गायक बनने की धुन सवार थी। कुरुक्षेत्र विश्वविद्यालय में पढ़ाई के दौरान संगीत मे उनकी दिलचस्पी देखकर कुलपति प्रोफेसर सूरजभान ने जगजीत सिंह जी को काफी उत्साहित किया। उनके ही कहने पर वे 1965 में मुंबई आ गए। यहाँ से संघर्ष का दौर शुरू हुआ। वे पेइंग गेस्ट के तौर पर रहा करते थे और विज्ञापनों के लिए जिंगल्स गाकर या शादी–समारोह वगैरह में गाकर रोजी रोटी का जुगाड़ करते रहे। 1967 में जगजीत जी की मुलाकात चित्रा जी से हुई। दो साल बाद दोनों 1969 में परिणय सूत्र में बंध गए।

जगजीत सिंह फिल्मी दुनिया में पार्श्वगायन का सपना लेकर आए थे। तब पेट पालने के लिए कॉलेज और ऊँचे लोगों की पार्टियों में अपनी पेशकश दिया करते थे। उन दिनों तलत महमूद, मोहम्मद रफी साहब जैसों के गीत

लोगों की पसंद हुआ करते थे। रफी–किशोर–मन्नाडे जैसे महारथियों के दौर में पार्श्व गायन का मौका मिलना बहुत दूर था। जगजीत जी उन दिनों को याद करते हुए कहते थे, "उन दिनों किसी सिंगर को एल पी (लॉग प्ले डिस्क) मिलना बहुत फ़ख्र की बात हुआ करती थी"। बहुत कम लोग जानते हैं कि सरदार जगजीत सिंह धीमान इसी एलबम के रिलीज के पहले जगजीत सिंह बन चुके थे। बाल कटाकर असरदार जगजीत सिंह बनने की राह पकड़ चुके थे। जगजीत ने इस एलबम की कामयाबी के बाद मुंबई में पहला फ्लैट खरीदा था।

आम आदमी की गजल

जगजीत सिंह ने गजलों को जब फिल्मी गानों की तरह गाना शुरू किया तो आम आदमी ने गजल में दिलचस्पी दिखानी शुरू की लेकिन गजल के जानकारों की भौहें टेढ़ी हो गई। खासकर गजल की दुनिया में जो मयार बेगम अख्तर, कुन्दनलाल सहगल, तलत महमूद, मेहदी हसन जैसों का था। उससे हटकर जगजीत सिंह की शैली शुद्धतावादियों को रास नहीं आई।

फिल्मी सफरनामा

1981 में रमन कुमार निर्देशित 'प्रेमगीत' और 1982 में महेश भट्ट निर्देशित 'अर्थ' को भला कौन भूल सकता है। 'अर्थ' में जगजीत जी ने ही संगीत दिया था। फिल्म का हर गाना लोगों की ज़ुबान पर चढ़ गया था। इसके बाद फिल्मों में हिट संगीत देने के सारे प्रयास बुरी तरह नाकामयाब रहे। कुछ साल पहले डिंपल कापड़िया और विनोद खन्ना अभिनीत फिल्म लीला का संगीत औसत दर्जे का रहा।

निधन

गजल के बादशाह कहे जाने वाले जगजीत सिंह का 10 अक्टूबर, 2011 की सुबह 8 बजे मुंबई में देहांत हो गया। उन्हें ब्रेन हैमरेज होने के कारण 23 सितम्बर को मुंबई के लीलावती अस्पताल में भर्ती करवाया गया था। ब्रेन हैमरेज होने के बाद जगजीत सिंह की सर्जरी की गई। जिसके बाद से ही उनकी हालत गंभीर बनी हुई थी। वे तब से आईसीयू वॉर्ड में ही भर्ती थे। जिस दिन उन्हें ब्रेन हैमरेज हुआ, उस दिन वे सुप्रसिद्ध गजल गायक गुलाम अली के साथ एक शो की तैयारी कर रहे थे।

56

लता मंगेशकर

Lata Mangeshkar

लता मंगेशकर

भारत रत्न लता मंगेशकर (जन्म 28 सितंबर, 1929 इंदौर), भारत की सबसे लोकप्रिय और आदरणीय गायिका हैं जिनका छः दशकों का कार्यकाल उपलब्धियों से भरा पड़ा है। हालांकि लता जी ने लगभग तीस से ज्यादा भाषाओं में फिल्मी और गैर–फिल्मी गाने गाये हैं लेकिन उनकी पहचान भारतीय सिनेमा में एक पार्श्वगायक के रूप में रही है। अपनी बहन आशा भोंसले के साथ लता जी का फिल्मी गायन में सबसे बड़ा योगदान रहा है।

लता की जादुई आवाज के भारतीय उपमहाद्वीप के साथ--साथ पूरी दुनिया में दीवाने हैं। टाईम पत्रिका ने उन्हें भारतीय पार्श्वगायन की अपरिहार्य और एकछत्र साम्राज्ञी स्वीकार किया है।

जीवन-परिचय

लता जी का जन्म मराठा परिवार में, मध्य प्रदेश के इंदौर शहर में सबसे बड़ी बेटी के रूप में पंडित दीनानाथ मंगेशकर के मध्यवर्गीय परिवार में हुआ। उनके पिता रंगमंच के कलाकार और गायक थे। इनके परिवार से हृदयनाथ

मंगेशकर और बहनें उषा मंगेशकर, मीना मंगेशकर और आशा भोंषले सभी ने संगीत को ही अपनी आजीविका के लिये चुना।

लता बचपन से ही गायक बनना चाहती थीं। बचपन में कुंदनलाल सहगल की एक फिल्म चंडीदास देखकर उन्होने कहा कि वो बड़ी होकर सहगल से शादी करेगी। पहली बार लता ने वसंग जोगलेकर द्वारा निर्देशित एक फिल्म **कीर्ती हसाल** के लिये गाया। उनके पिता नहीं चाहते थे कि लता फिल्मों के लिये गाये इसलिये इस गाने को फिल्म से निकाल दिया गया। लेकिन उसकी प्रतिभा से तसंत जोगलेकर काफी प्रभावित हुये। पिता की मृत्यु के बाद (जब लता सिर्फ तेरह साल की थीं), लता को पैसों की बहुत कठिनाई झेलनी पड़ी और काफी संघर्ष करना पड़ा। उन्हें अभिनय बहुत पसंद नहीं था लेकिन पिता की असमय मृत्यु की वजह से पैसों के लिये उन्हें कुछ हिन्दी और मराठी फिल्मों में काम करना पड़ा। अभिनेत्री के रुप में उनकी पहली फिल्म **पाहिली मंगलागौर** (1942) रही, जिसमें उन्होंने स्नेहप्रभा प्रधान की छोटी बहन की भूमिका निभाई। बाद में उन्होंने कई फिल्मों में अभिनय किया जिनमें, माझे बाल, चिमुकला संसार (1943), गजभाऊ (1944), बड़ी माँ (1945), जीवन यात्रा (1946), माँद (1948), छत्रपति शिवाजी (1952) शामिल थी। बड़ी माँ में लता ने नूरजहाँ के साथ अभिनय किया और उसके छोटी बहन की भूमिका निभाई आशा भोंषले ने। उसने खुद की भूमिका के लिये गाने भी गाये और आशा के लिये पार्श्वगायन किया।

1945 में उस्ताद गुलाम हैदर (जिन्होंने पहले नूरजहाँ की खोज की थी) अपनी आने वाली फिल्म के लिये लता को एक निर्माता के स्टूडियो ले गये जिसमें कामिनी कौशल मुख्य भूमिका निभा रही थी। वे चाहते थे कि लता उस फिल्म के लिये पार्श्वगायन करे। लेकिन गुलाम हैदर को निराशा हाथ लगी। 1947 में वसंत जोगलेकर ने अपनी फिल्म **आपकी सेवा** में लता को गाने का मौका दिया। इस फिल्म के गानों से लता की खूब चर्चा हुई। इसके बाद लता ने मजबूर फिल्म के गानों **अंग्रेजी छोरा चला गया** और **दिल मेरा तोड़ा हाय मुझे कहीं का न छोड़ा तेरे प्यार** ने जैसे गानों से अपनी स्थिती सुदृढ की। हालांकि इसके बावजूद लता को उस खास हिट की अभी भी तलाश थी।

पुरस्कार

फिल्म फेयर पुरस्कार (1958, 1962, 1965, 1969, 1993 and 1994)

राष्ट्रीय पुरस्कार (1972, 1975 and 1990)

महाराष्ट्र सरकार पुरस्कार (1966 and 1967)

1969 – पद्म भूषण

1974 – दुनिया में सबसे अधिक गीत गाने का गिनीज बुक रिकॉर्ड

1989 – दादा साहब फाल्के पुरस्कार

1993 – फिल्म फेयर का लाइफ टाइम अचीवमेंट पुरस्कार

1997 – राजीव गाँधी पुरस्कार

1999 – पद्म विभूषण

2001 – भारत का सर्वोच्च नागरिक सम्मान भारत रत्न

2001 – नूरजहाँ पुरस्कार

57

मोहम्मद रफी
Mohd. Rafi

मोहम्मद रफी

मोहम्मद रफी (24 दिसंबर 1924–31 जुलाई 1980) जिन्हें दुनिया रफी या रफी साहब के नाम से बुलाती है, हिन्दी सिनेमा के श्रेष्ठतम पार्श्व गायकों में से एक थे। अपनी आवाज की मधुरता और परास की अधिकता के लिए इन्होंने अपने समकालीन गायकों के बीच अलग पहचान बनाई। इन्हें शहंशाह–ए–तरन्नुम भी कहा जाता था। 1940 के दशक से आरंभ कर 1980 तक इन्होने कुल 26,000 गाने गाए। इनमें मुख्य धारा हिन्दी गानों के अतिरिक्त गजल, भजन, देशभक्ति गीत, कव्वाली तथा अन्य भाषाओं में गाए गीत शामिल हैं।

जीवन-परिचय

मोहम्मद रफी का जन्म 24 दिसम्बर, 1924 को अमृतसर के पास कोटला सुल्तान सिंह में हुआ था। आरंभिक बाल्यकाल में ही इनका परिवार लाहौर से अमृतसर आ गया। इनके परिवार का संगीत से कोई खास सरोकार नहीं था। जब रफी छोटे थे तब इनके बड़े भाई की नाई की दुकान थी, रफी का काफी वक्त वहीं पर गुजरता था। कहा जाता है कि रफी जब सात साल के थे तो वे अपने बड़े भाई की दुकान से होकर गुजरने वाले एक फकीर का पीछा किया करते थे जो उधर से गाते हुए जाया करता था। उसकी आवाज रफी

को पसन्द आई और रफी उसकी नकल किया करते थे। उनकी नकल में मधुरता को देखकर लोगों को उनकी आवाज भी पसन्द आने लगी। लोग नाई की दुकान में उनके गाने की प्रशंशा करने लगे। लेकिन इससे रफी को स्थानीय ख्याति के अतिरिक्त और कुछ नहीं मिला। इनके बड़े भाई मोहम्मद हमीद ने इनके संगीत के प्रति इनकी रुचि को देखा और उन्हें उस्ताद अब्दुल वाहिद खान के पास संगीत शिक्षा लेने को कहा। एक बार आकाशवाणी (उस समय ऑल इंडिया रेडियो) लाहौर में उस समय के प्रख्यात गायक–अभिनेता कुन्दन लाल सहगल अपना प्रदर्शन करने आए थे। इसको सुनने हेतु मोहम्मद रफी और उनके बड़े भाई भी गए थे। बिजली गुल हो जाने की वजह से सहगल ने गाने से मना कर दिया। रफी के बड़े भाई ने आयोजकों से निवेदन किया की भीड़ की व्यग्रता को शांत करने के लिए मोहम्मद रफी को गाने का मौका दिया जाय। उनको अनुमति मिल गई और 13 वर्ष की आयु में मोहम्मद रफी का यह पहला सार्वजनिक प्रदर्शन था। प्रेक्षकों में श्याम सुन्दर, जो उस समय के प्रसिद्ध संगीतकार थे, ने भी उनको सुना और काफी प्रभावित हुए। उन्होंने मोहम्मद रफी को अपने लिए गाने का न्यौता दिया।

मोहम्मद रफी का प्रथम गीत एक पंजाबी फिल्म गुल बलोच के लिए था जिसे उन्होंने श्याम सुंदर के निर्देशन में 1944 में गाया। सन् 1946 में मोहम्मद रफी ने बम्बई आने का फैसला किया। उन्हें संगीतकार नौशाद ने पहले आप नाम की फिल्म में गाने का मौका दिया।

ख्याति

नौशाद द्वारा सुरबद्ध गीत तेरा खिलौना टूटा (फिल्म अनमोल घड़ी, 1946) से रफी को प्रथम बार हिन्दी जगत में ख्याति मिली। इसके बाद शहीद, मेला तथा दुलारी में भी रफी ने गाने गाए जो बहुत प्रसिद्ध हुए। 1951 में जब नौशाद फिल्म बैजू बावरा के लिए गाने बना रहे थे तो उन्होने अपने पसंदीदा गायक तलत महमूद से गवाने की सोची थी। कहा जाता है कि उन्होंने एक बार तलत महमूद को धूम्रपान करते देखकर अपना मन बदल लिया और रफी से गाने को कहा। बैजू बावरा के गानों ने रफी को मुख्यधारा गायक के रूप में स्थापित किया। इसके बाद नौशाद ने रफी को अपने निर्देशन में कई गीत गाने को दिए। लगभग इसी समय संगीतकार जोड़ी शंकर–जयकिशन को

उनकी आवाज पसंद आयी और उन्होंने भी रफी से गाने गवाना आरंभ किया। शंकर जयकिशन उस समय राज कपूर के पसंदीदा संगीतकार थे, पर राज कपूर अपने लिए सिर्फ मुकेश की आवाज पसन्द करते थे। बाद में जब शंकर जयकिशन के गानों की मांग बढ़ी तो उन्होंने लगभग हर जगह रफी साहब का प्रयोग किया। यहाँ तक की कई बार राज कपूर के लिए रफी साहब ने गाया। जल्द ही संगीतकार सचिन देव बर्मन तथा उल्लेखनीय रूप से ओ पी नैय्यर को रफी की आवाज बहुत रास आयी और उन्होंने रफी से गवाना आरंभ किया। ओ पी नैय्यर का नाम इसमें स्मरणीय रहेगा क्योंकि उन्होंने अपने निराले अंदाज में रफी–आशा की जोड़ी का काफी प्रयोग किया और उनकी खनकती धुनें आज भी उस जमाने के अन्य संगीतकारों से अलग प्रतीत होती हैं। उनके निर्देशन में गाए गानों से रफी को बहुत ख्याति मिली।

गायन सफर

1950 के दशक में शंकर जयकिशन, नौशाद तथा सचिनदेव बर्मन ने रफी से उस समय के बहुत लोकप्रिय गीत गवाए। यह सिलसिला 1960 के दशक में भी चलता रहा। संगीतकार रवि ने मोहम्मद रफी का इस्तेमाल 1960 के दशक में किया। 1960 में फिल्म **चौदहवीं का चांद** के शीर्षक गीत के लिए रफी को अपना पहला फिल्म फेयर पुरस्कार मिला। इसके बाद **घराना** (1961), **काजल** (1965), **दो बदन** (1966) तथा **नीलकमल** (1968) जैसी फिल्मों में इन दोनो की जोड़ी ने कई यादगार नगमें दिए। 1961 में रफी को अपना दूसरा फिल्मफेयर आवार्ड फिल्म ससुराल के गीत **तेरी प्यारी प्यारी सूरत को** के लिए मिला। संगीतकार जोड़ी लक्ष्मीकांत प्यारेलाल ने अपना आगाज ही रफी के स्वर से किया और 1963 में फिल्म **पारसमणि** के लिए बहुत सुन्दर गीत बनाए।

व्यक्तिगत जीवन

मोहम्मद रफी एक बहुत ही समर्पित मुस्लिम, व्यसनों से दूर रहने वाले तथा शर्मीले स्वभाव के आदमी थे। आजादी के समय उन्होंने भारत में रहना पसन्द किया। उन्होंने बेगम विकलिस से शादी की और उनकी सात संतान हुईं–चार बेटे तथा तीन बेटियां।

मोहम्मद रफी को उनके परमार्थों के लिए भी जाना जाता है। अपने शुरुआती दिनों में संगीतकार जोड़ी लक्ष्मीकांत–प्यारेलाल के लिए उन्होंने बहुत कम पैसों में गाया था। गानों की रॉयल्टी को लेकर लता मंगेशकर के साथ उनका विवाद भी उनकी दरियादिली का सूचक है। उस समय लताजी का कहना था कि गाना गाने के बाद भी उन गानों से होने वाली आमदनी का एक अंश (रॉयल्टी) गायकों तथा गायिकाओं को मिलना चाहिए । रफी साहब इसके खिलाफ थे और उनका कहना था कि एक बार गाने रिकॉर्ड हो गए और गायक–गायिकाओं को उनकी फीस का भुगतान कर दिया गया हो तो उनको और पैसों की आशा नहीं करनी चाहिए। इस बात को लेकर दोनों महान कलाकारों के बीच मनमुटाब हो गया। लता ने रफी के साथ सेट पर गाने से मना कर दिया और बरसों तक दोनों का कोई युगल गीत नहीं आया। बाद में अभिनेत्री नरगिस के कहने पर ही दोनों ने साथ गाना चालू किया और ज्वैल थीफ फिल्म में दिल पुकारे गाना गाया।

उनका देहान्त 31 जुलाई, 1980 को हृदयगति रुक जाने के कारण हुआ।

58

मदर टेरेसा
Mother Teresa

मदर टेरेसा

जीवन-परिचय

मदर टेरेसा का जन्म 26 अगस्त, 1910 को यूगोस्लाविया में हुआ। उनका वास्तविक नाम है– एग्नेस गोनक्शा बोजाक्शिइउ। मदर टेरेसा के पिता का नाम निकोला बोयाजू था तथा वह एक साधारण व्यवसायी थे। वह अपने प्रारंभिक जीवन में अगनेस मिशनरियों के जीवन और उनकी सेवा की कहानियों से बहुत प्रभावित थीं और 12 साल की उम्र तक वह निर्णय कर चुकी थीं कि वह स्वयं को एक धार्मिक जीवन के प्रति समर्पित कर देंगी।

मदर टेरेसा को पीड़ित मानवता की सेवा के लिए विश्व के अनेक अंतर्राष्ट्रीय सम्मान एवं पुरस्कार प्राप्त हो चुके हैं, जिनमें पद्मश्री 1962, नोबेल पुरस्कार 1979, भारत का सर्वोच्च पुरस्कार भारत रत्न 1980 में, मेडल आफ फ्रीडम 1985 प्रमुख हैं।

मिशनरीज की स्थापना

मदर टेरेसा कॅथोलिक नन थीं। समाजसेवा के लिए उन्होंने 1950 में मिशनरीज की स्थापना की।

मदर टेरेसा जब भारत आईं तो उन्होंने यहाँ बेसहारा और विकलांग बच्चों तथा सड़क के किनारे पड़े असहाय रोगियों की दयनीय स्थिति को अपनी आँखों से देखा और फिर वे भारत में ही रुक गईं और जनसेवा का व्रत ले लिया, जिसका वे अनवरत पालन करती रहीं।

पैंतालिस साल से अधिक उन्होंने गरीब, अनाथ, और मरते लोगों की सेवा की और मिशनरीज ऑफ चेरिटी को पहले भारत और तब अन्य देशों में स्थापना की।

उन्होंने 18 साल की उम्र में मिशनरी के रूप में 'सिस्टर ऑफ लोरेटो' में शामिल होने के लिए घर छोड़ दिया।

वह 1926 में भारत आईं और दार्जिलिंग में अपना शिक्षार्थी जीवन प्रारम्भ किया। 14 मई, 1937 को लोरेटो कोंवेंट में एक शिक्षक के रूप में सेवा की।

वह कोलकोता के आस–पास की गरीबी से परेशान थीं। 1943 में अकाल से नगर में दुःख और अगस्त 1946 में हिन्दू, मुस्लिम हिंसा से नगर में निराशा और दहशत फैली थी।

मृत्यु

मदर टेरेसा की मृत्यु 5 सितम्बर, 1997 को हुई। उनके अन्तिम संस्कार से पहले एक सप्ताह के लिए सेंट थॉमस, कोलकाता में रखा गया। भारत सरकार द्वारा भारत में सभी धर्मों के गरीबों के लिए की गई उनकी सेवाओं के प्रति आभार प्रकट करने के लिए राज्य द्वारा अंतिम संस्कार मंजूर किया गया। उनकी मृत्यु से धर्मनिरपेक्ष और धार्मिक समुदायों दोनों में ही दुःख था।

59

भीम राव अंबेडकर

Bhim Rao Ambedkar

भीम राव अंबेडकर

गरीबों के दर्द को वही समझ सकता है जिसने गरीबी देखी हो। जो खुद गरीबों के बीच में रहा हो वह ही गरीबों की समस्या को सही ढंग से समझ सकता है। एक इंसान किस तरह एक देश की तकदीर को संवारता है इसका उदाहरण है महापुरुष डॉ. भीम राव अंबेडकर। भीम राव अंबेडकर जिनका बचपन बेहद गरीबी में बीता, उन्हें छोटी जाति से संबद्ध होने की वजह से समाज की उपेक्षा का सामना करना पड़ा लेकिन मजबूत इरादों के बल पर उन्होंने देश को एक ऐसा रास्ता दिखाया जिसकी वजह से उन्हें आज भी याद किया जाता है।

भीम राव अंबेडकर एक वकील, गरीबों के मसीहा और देश के बहुत बड़े नेता थे, जिन्होंने समाज की बेड़ियाँ तोड़ कर विकास के लिए कार्य किए। डॉ. भीम राव अंबेडकर का जन्म 14 अप्रैल, 1891 को मध्य प्रदेश के एक छोटे से गाँव में हुआ था। डॉ. भीमराव अंबेडकर के पिता का नाम रामजी मालोजी सकपाल और माता का भीमाबाई था। अंबेडकर जी अपने माता–पिता की आखिरी संतान थे। भीमराव अंबेडकर का जन्म महार जाति में हुआ था जिसे लोग अछूत और बेहद निचला वर्ग मानते थे।

बचपन में भीमराव अंबेडकर के परिवार के साथ सामाजिक और आर्थिक रूप से गहरा भेदभाव किया जाता था। भीमराव अंबेडकर के बचपन का नाम रामजी सकपाल था।

शिक्षा

भीमराव के पिता ने उनका दाखिला एक सरकारी स्कूल में करा दिया लेकिन यहाँ भी अछूत और छोटी जाति की वजह से उन्हें बच्चों से अलग बैठाया जाता था।

हाई स्कूल में भीमराव अंबेडकर ने अच्छा प्रदर्शन किया। 1907 में भीमराव ने मैट्रिक की परीक्षा पास की और मुंबई विश्वविद्यालय में प्रवेश लिया और भारत में कॉलेज में प्रवेश लेने वाले वह पहले अस्पृश्य बन गये। 1908 में भीमराव अंबेडकर ने 'एलिफिंस्टोन कॉलेज' में प्रवेश लिया। 1922 में उन्होंने राजनीतिक विज्ञान और अर्थशास्त्र में डिग्री प्राप्त की।

बड़ौदा राज्य के सेना सचिव के रूप में काम करते हुये अपने जीवन में आए भेदभाव से अंबेडकर उदास हो गए, और अपनी नौकरी छोड़ एक निजी ट्यूटर और लेखाकार के रूप में काम करने लगे। अंबेडकर जी के जीवन में भेदभाव तो बहुत आम था लेकिन साउथबोरोह समिति के समक्ष दलितों की तरफ से अंग्रेज़ों के सामने उनकी पेशी ने उनके जीवन को बदलकर रख दिया। भारत सरकार अधिनियम 1919 पर चर्चा करने के लिए अंग्रेज़ी हुकूमत ने अंबेडकर जी को बुलाया था। 1925 में अंबेडकर जी को बॉम्बे प्रेसीडेंसी समिति में सभी यूरोपीय सदस्यों वाले साइमन आयोग में काम करने के लिए नियुक्त किया गया।

8 अगस्त, 1930 को एक शोषित वर्ग के सम्मेलन के दौरान अंबेडकर ने अपनी राजनीतिक दृष्टि को दुनिया के सामने रखा।

अंबेडकर ने अपने अनुयायियों को गाँव छोड़ कर शहर जाकर बसने और शिक्षा प्राप्त करने के लिए प्रेरित किया। 1936 में अंबेडकर ने स्वतंत्र 'लेबर पार्टी' की स्थापना की। अंबेडकर जी एक सफल लेखक भी थे जिन्होंने समाज पर वार करती हुई कई पुस्तकें लिखीं जिनमें प्रमुख थीं "थॉट्स ऑन पाकिस्तान", "वॉट कॉंग्रेस एंड गांधी हैव डन टू द अनटचेबल्स" थी।

15 अगस्त, 1947 में भारत की स्वतंत्रता के बाद, कांग्रेस के नेतृत्व वाली नई सरकार ने अंबेडकर को देश के पहले कानून मंत्री के रूप में सेवा करने के लिए आमंत्रित किया। 29 अगस्त, 1947 को अंबेडकर को स्वतंत्र भारत के नए संविधान की रचना के लिए बनी संविधान मसौदा समिति के अध्यक्ष पद पर नियुक्त किया गया।

अंबेडकर द्वारा तैयार किया गए संविधान पाठ मे धार्मिक स्वतंत्रता, अस्पृश्यता का अंत और सभी प्रकार के भेदभावों को गैर कानूनी करार दिया गया। अंबेडकर ने महिलाओं के लिए व्यापक आर्थिक और सामाजिक अधिकारों की वकालत की और अनुसूचित जाति और अनुसूचित जनजाति के लोगों के लिए सिविल सेवाओं, स्कूलों और कॉलेजों की नौकरियों में आरक्षण प्रणाली शुरू करने के लिए सभा का समर्थन भी हासिल किया। 26 नवंबर, 1949 को संविधान सभा ने संविधान को अपना लिया। 1951 में संसद में अपने हिन्दू कोड बिल के मसौदे को रोके जाने के बाद अंबेडकर ने मंत्रिमंडल से इस्तीफा दे दिया।

14 अक्टूबर, 1956 को नागपुर में अंबेडकर ने खुद और उनके समर्थकों के लिए एक औपचारिक सार्वजनिक समारोह का आयोजन किया। अंबेडकर ने एक बौद्ध भिक्षु से तीन रत्न और पंचशील को अपनाते हुये बौद्ध धर्म ग्रहण किया। 1948 से अंबेडकर मधुमेह से पीड़ित थे। जून से अक्टूबर 1954 तक वो बहुत बीमार रहे इस दौरान वो नैदानिक अवसाद और कमजोर होती दृष्टि से ग्रस्त थे। 6 दिसंबर, 1956 को अंबेडकर जी की मृत्यु हो गई।

60

जय प्रकाश नारायण
Jai Prakash Narayan

जय प्रकाश नारायण

जीवन-परिचय

जे.पी. नारायण का जन्म 11 अक्टूबर, 1902 को बिहार में सारन के सिताबदियारा में हुआ था। पटना से शुरुआती पढ़ाई करने के बाद वह शिक्षा के लिए अमेरिका गए। वह स्वदेश लौटे और स्वाधीनता आंदोलन में सक्रिय हुए। आजादी की लड़ाई में जे. पी. ने सक्रिय भूमिका निभाई, कभी बर्फ की सिल्लियों पर लेटे और कई बार जेल भी गए।

आजादी के बाद नेहरू जी, जेपी को सरकार में जगह देना चाहते थे लेकिन जेपी ने सत्ता से दूर रहना ही पसंद किया। लोकनायक जयप्रकाश नारायण के बेमिसाल राजनीतिक जीवन का सबसे बड़ा पहलू यह था कि उन्हें सत्ता का मोह नहीं था, शायद यही कारण है कि नेहरू की कोशिश के बावजूद वह उनके मंत्रिमंडल में शामिल नहीं हुए। वह सत्ता में पारदर्शिता और जनता के प्रति जवाबदेही सुनिश्चित करना चाहते थे।

जयप्रकाश नारायण आचार्य विनोबा भावे से प्रभावित हुए और उनके 'सर्वोदय आंदोलन' से जुड़े। उन्होंने ग्रामीण भारत में इस आंदोलन को आगे बढ़ाया।

प्रायः जयप्रकाश नारायण कभी कांग्रेस के साथी हुआ करते थे लेकिन

जवाहरलाल नेहरू की मृत्यु के पश्चात जब उनकी बेटी, इंदिरा गांधी, केन्द्र सरकार में आई तो वह कांग्रेस के विपक्षी बन गये। जयप्रकाश जी की निगाह में प्रधानमंत्री इंदिरा गांधी की सरकार भ्रष्ट और अलोकतांत्रिक होती जा रही थी।

पाँच जून, 1975 की विशाल सभा में जे.पी. ने पहली बार 'सम्पूर्ण क्रान्ति' के दो शब्दों का उच्चारण किया। उनका साफ कहना था कि इंदिरा सरकार को गिरना ही होगा। यह क्रांति उन्होंने बिहार और भारत में फैले भ्रष्टाचार की वजह से शुरू की। 1975 में निचली अदालत में इंदिरा गाँधी पर चुनावों में भ्रष्टाचार का आरोप साबित हो गया और जयप्रकाश ने उनके इस्तीफे की मांग की। इसके बदले में इंदिरा गांधी ने राष्ट्रीय आपातकाल की घोषणा कर दी और नारायण तथा अन्य विपक्षी नेताओं को गिरफ्तार कर लिया।

दिल्ली के रामलीला मैदान में एक लाख से अधिक लोगों ने जब जय प्रकाश नारायण की गिरफ्तारी के खिलाफ हुंकार भरी थी तब आकाश में सिर्फ उनकी ही आवाज सुनाई देती थी। उस समय राष्ट्रकवि रामधारी सिंह "दिनकर" ने कहा था "सिंहासन खाली करो कि जनता आती है"।

जे.पी. के सफल आंदोलन का नतीजा

जनवरी 1977 को आपातकाल हटा लिया गया और लोकनायक के "संपूर्ण क्रांति आदोलन" के चलते देश में पहली बार गैर कांग्रेसी सरकार बनी। इसके बाद भी जेपी का सपना पूरा नहीं हुआ। इस क्रांति का प्रभाव दुनिया के तमाम छोटे देशों पर भी पड़ा था।

नागरिक अधिकारों के लिए संघर्ष

जयप्रकाश नारायण मूल रूप से लोकतांत्रिक समाजवादी थे और व्यक्ति की स्वतंत्रता को सर्वोपरि मानते थे। वे भारत में ऐसी समाज व्यवस्था के पक्षपाती थे जो व्यक्तिगत स्वतंत्रता, मानसिक प्रतिष्ठा और लोककल्याण के आदर्शों से परिपूर्ण हो।

जयप्रकाश नारायण को मरणोपरांत 'भारत रत्न' से विभूषित किया गया। जेपी ने आठ अक्टूबर, 1979 को पटना में अंतिम सांस ली।

61

किरण बेदी

Kiran Bedi

किरण बेदी

डॉ. किरण बेदी भारतीय पुलिस सेवा की प्रथम वरिष्ठ महिला अधिकारी हैं। उन्होंने विभिन्न पदों पर रहते हुए अपनी कार्यकुशलता का परिचय दिया है। वे संयुक्त आयुक्त पुलिस प्रशिक्षण तथा दिल्ली पुलिस स्पेशल आयुक्त (खुफिया) के पद पर कार्य कर चुकी हैं। इस समय वे संयुक्त राष्ट्र संघ के 'शांति स्थापना ऑपरेशन' विभाग में नागरिक पुलिस सलाहकार' के पद पर कार्यरत हैं। उन्हें वर्ष 2002 के लिए भारत की 'सबसे प्रशंसित महिला' चुना गया। द ट्रिब्यून के पाठकों ने उन्हें 'वर्ष की सर्वश्रेष्ठ महिला' चुना।

जीवन-परिचय

डॉ. बेदी का जन्म सन् 1949 में पंजाब के अमृतसर शहर में हुआ। वे श्रीमती प्रेमलता तथा श्री प्रकाश लाल पेशावरिया की चार पुत्रियों में से दूसरी पुत्री हैं। उनके मानवीय एवं निडर दृष्टिकोण ने पुलिस कार्यप्रणाली एवं जेल सुधारों के लिए अनेक आधुनिक आयाम जुटाने में महत्वपूर्ण योगदान किया है। निःस्वार्थ कर्त्तव्य परायणता के लिए उन्हें शौर्य पुरस्कार मिलने के अलावा अनेक कार्यों को सारी दुनिया में मान्यता मिली है जिसके परिणामस्वरूप एशिया का नोबल पुरस्कार कहा जाने वाला **रमन मैगसेसे** पुरस्कार से उन्हें नवाजा गया।

उनको मिलने वाले अंतर्राष्ट्रीय पुरस्कारों की श्रृंखला में शामिल हैं – जर्मन फाउंड्ेशन का जोसफ ब्यूज पुरस्कार, नार्वे के संगठन इंटरनेशनल ऑर्गेनाजेशन ऑफ गुड टेम्पलर्स का ड्रग प्रिवेंशन एवं कंट्रोल के लिए दिया जाने वाला एशिया रीजन एवार्ड।

सामाजिक पहल

किरण बेदी ने 17 अन्य पुलिस अधिकारियों को साथ लेकर 1987 में इंडिया फाउंडेशन (एनआईएफ) की स्थापना की, एनआईएफ ड्रग नशा के लिए एक नशा मुक्ति और पुनर्वास की पहल के साथ शुरू किया है और अब संगठन निरक्षरता और महिलाओं के अन्य सामाजिक मुद्दे के लिए भी विस्तार किया गया है।

लोकपाल आंदोलन

किरण बेदी अन्ना हजारे और अरविंद केजरीवाल के साथ भ्रष्टाचार के खिलाफ भारत के प्रमुख सदस्यों में से एक है। 16 अगस्त, 2011 को, किरण बेदी सहित भ्रष्टाचार के खिलाफ भारंत के प्रमुख सदस्यों ने योजना बनाई और अनिश्चितकालीन भूख हड़ताल की परन्तु शाम होते–होते उन्हें गिरफ्तार कर लिया गया। मजबूत लोकपाल बिल के लिए किरण बेदी अन्ना जी के साथ खड़ी रही और वर्तमान में भी। हाँ अरविन्द केजरीवाल उनसे अलग होकर एक राजनैतिक पार्टी को जन्म दिया। किरण वेदी भारत की पहली महिला IPS आफिसर है। उन्होंने सरकारी नौकरी से स्वैच्यीक रिटार्यमेन्ट ले लिया था और समाज सेविका के रूप में अन्ना के आन्दोलन में सक्रिय है। अपनी नौकरी के कार्यकाल में बहुत ही प्रसंशनीय कार्य किये।

अन्य उपलब्धियाँ

व्यावसायिक योगदान के अलावा उनके द्वारा दो स्वयं सेवी संस्थाओं की स्थापना तथा पर्यवेक्षण किया जा रहा है। ये संस्स्थाएं हैं– 1988 में स्थापित नव ज्योति एवं 1994 में स्थापित इंडिया विजन फाउंडेशन। ये संस्थाएं रोजना हजारों गरीब बेसहारा बच्चों तक पहुँचकर उन्हें प्राथमिक शिक्षा तथा स्त्रियों को प्रौढ़ शिक्षा उपलब्ध कराती है। 'नव ज्योति संस्था' नशामुक्ति के लिए

इलाज करने के साथ–साथ झुग्गी बस्तियों, ग्रामीण क्षेत्रों में तथा जेल के अंदर महिलाओं को व्यावसायिक प्रशिक्षण और परामर्श भी उपलब्ध कराती है। डॉ. बेदी तथा उनकी संस्थाओं को आज अंतर्राष्ट्रीय पहचान तथा स्वीकार्यता प्राप्त है। नशे की रोकथाम के लिए संयुक्त राष्ट्र द्वारा किया गया 'सर्ज साटिरोफ मेमोरियल अवार्ड' इसका ताजा प्रमाण है।

62

अन्ना हजारे

Anna Hazare

अन्ना हजारे

किसन बापट बाबूराव हजारे (मराठी अण्णा हजारेय जन्म : 15 जून, 1937) एक भारतीय समाजसेवी हैं। अधिकांश लोग उन्हें अन्ना हजारे के नाम से जानते हैं। सन् 1992 में भारत सरकार द्वारा उन्हें पद्मभूषण से सम्मानित किया गया था। सूचना के अधिकार के लिये कार्य करने वालों में वे प्रमुख थे। जन लोकपाल विधेयक को पारित कराने के लिये अन्ना ने 13 अगस्त 2011 से आमरण अनशन आरम्भ किया था।

जीवन-परिचय

अन्ना हजारे का जन्म 15 जून, 1937 को महाराष्ट्र के अहमदनगर के भिंगार गाँव के एक मराठा किसान परिवार में हुआ था। उनके पिता का नाम बाबूराव हजारे और माँ का नाम लक्ष्मीबाई हजारे था। उनका बचपन बहुत गरीबी में गुजरा। पिता मजदूर थे। दादा फौज में। दादा की तैनाती भिंगनगर में थी। वैसे अन्ना के पुरखों का गाँव अहमदनगर जिले में ही स्थित रालेगण सिद्धि में था। दादा की मौत के सात साल बाद अन्ना का परिवार रालेगण आ गया। अन्ना के छह भाई हैं। परिवार में तंगी का आलम देखकर अन्ना की बुआ उन्हें मुम्बई ले गईं। वहां उन्होंने सातवीं तक पढ़ाई की। परिवार पर कष्टों का बोझ देखकर वह दादर स्टेशन के बाहर एक फूल बेचने वाले की दुकान में 40

रुपये की पगार में काम करने लगे। इसके बाद उन्होंने फूलों की अपनी दुकान खोल ली और अपने दो भाइयों को भी रालेगण से बुला लिया।

व्यवसाय

वर्ष 1962 में भारत–चीन युद्ध के बाद सरकार की युवाओं से सेना में शामिल होने की अपील पर अन्ना 1963 में सेना की मराठा रेजीमेंट में ड्राइवर के रूप में भर्ती हो गए। अन्ना की पहली तैनाती पंजाब में हुई। 1965 में भारत–पाकिस्तान युद्ध के दौरान अन्ना हजारे खेमकरण सीमा पर तैनात थे। 12 नवंबर 1965 को चौकी पर पाकिस्तानी हवाई बमबारी में वहाँ तैनात सारे सैनिक मारे गए। इस घटना ने अन्ना की जिंदगी को हमेशा के लिए बदल दिया। इसके बाद उन्होंने सेना में 13 और वर्षों तक काम किया। उनकी तैनाती मुंबई और कश्मीर में भी हुई। 1975 में जम्मू में तैनाती के दौरान सेना में सेवा के 15 वर्ष पूरे होने पर उन्होंने स्वैच्छिक सेवा निवृत्ति ले ली। वे पास के गाँव रालेगण सिद्धि में रहने लगे और इसी गाँव को उन्होने अपनी सामाजिक कर्मस्थली बनाकर समाज सेवा में जूट गए।

सामाजिक कार्य

1965 के युद्ध में मौत से साक्षात्कार के बाद नई दिल्ली रेलवे स्टेशन पर उन्होंने स्वामी विवेकानंद की एक पुस्तक कॉल टु दि यूथ फॉर नेशन देखी और खरीद लिया। इसे पढ़कर उनके मन में भी अपना जीवन समाज को समर्पित करने की इच्छा बलवती हो गई। उन्होंने महात्मा गाँधी और विनोबा भावे की पुस्तकें भी पढ़ीं। 1970 में उन्होंने आजीवन अविवाहित रहकर स्वयं को सामाजिक कार्यों के लिए पूर्णतः समर्पित कर देने का संकल्प कर लिया।

रालेगण सिद्धि

मुम्बई पदस्थापन के दौरान वह अपने गांव रालेगण आते–जाते रहे। वे वहाँ चट्टान पर बैठकर गाँव को सुधारने की बात सोचा करते थे। 1978 में स्वैच्छिक सेवा निवृत्ति लेकर रालेगण आकर उन्होंने अपना सामाजिक कार्य प्रारंभ कर दिया। इस गाँव में बिजली और पानी की जबरदस्त कमी थी। अन्ना ने गाँव वालों को नहर बनाने और गड्ढे खोदकर बारिश का पानी इकट्ठा

करने के लिए प्रेरित किया और खुद भी इसमें योगदान दिया। अन्ना के कहने पर गाँव में जगह–जगह पेड़ लगाए गए। गाँव में सौर ऊर्जा और गोबर गैस के जरिए बिजली की सप्लाई की गई। उन्होंने अपनी जमीन बच्चों के हॉस्टल के लिए दान कर दी और अपनी पेंशन का सारा पैसा गाँव के विकास के लिए समर्पित कर दिया। वे गाँव के मंदिर में रहते हैं और हॉस्टल में रहने वाले बच्चों के लिए बनने वाला खाना ही खाते हैं। आज गाँव का हर शख्स आत्मनिर्भर है। आस–पड़ोस के गाँवों के लिए भी यहाँ से चारा, दूध आदि जाता है। यह गाँव आज शांति ,सौहर्द एवं भाईचारे की मिसाल है।

लोकपाल विधेयक आंदोलन

जन लोकपाल विधेयक के निर्माण के लिए जारी यह आंदोलन अपने अखिल भारतीय स्वरूप में 5 अप्रैल 2011 को समाजसेवी अन्ना हजारे एवं उनके साथियों के जंतर–मंतर पर शुरु किए गए अनशन के साथ आरंभ हुआ, जिनमें मैग्सेसे पुरस्कार विजेता अरविंद केजरीवाल, भारत की पहली नहिला प्रशासनिक अधिकारी किरण बेदी, प्रसिद्ध लोकधर्मी वकील प्रशांत भूषण, आदि शामिल थे। संचार साधनों के प्रभाव के कारण इस अनशन का प्रभाव समूचे भारत में फैल गया और इसके समर्थन में लोग सड़कों पर भी उतरने लगे। इन्होंने भारत सरकार से एक मजबूत भ्रष्टाचार विरोधी लोकपाल विधेयक बनाने की माँग की थी और अपनी माँग के अनुरूप सरकार को लोकपाल बिल का एक मसौदा भी दिया था किंतु प्रधानमन्त्री मनमोहन सिंह के नेतृत्व वाली सरकार ने इसके प्रति नकारात्मक रवैया दिखाया और इसकी उपेक्षा की। अगस्त से शुरु हुए मानसून सत्र में सरकार ने जो विधेयक प्रस्तुत किया वह कमजोर जनलोकपाल बिल था। अन्ना हजारे ने इसके खिलाफ अपने पूर्व घोषित तिथि 16 अगस्त से पुनः अनशन पर जाने की बात कही। 16 अगस्त को सुबह साढ़े सात बजे जब वे अनशन पर जाने के लिए तैयारी कर रहे थे, उन्हें दिल्ली पुलिस ने घर से ही गिरफ्तार कर लिया। उनके टीम के अन्य लोग भी गिरफ्तार कर लिए गए। इस खबर ने आम जनता को उद्वेलित कर दिया और वह सड़कों पर उतरकर सरकार के इस कदम का अहिंसात्मक प्रतिरोध करने लगी। दिल्ली पुलिस ने अन्ना को मजिस्ट्रेट के सामने पेश किया। अन्ना के रिहा किए जाने पर दिल्ली से बाहर रालेगाँव चले जाने या

3 दिन तक अनशन करने की बात अस्वीकार कर दी। उन्हें 7 दिनों के न्यायिक हिरासत में तिहाड़ जेल भेज दिया गया। शाम तक देशव्यापी प्रदर्शनों की खबर ने सरकार को अपना कदम वापस खींचने पर मजबूर कर दिया। दिल्ली में तिहाड़ जेल के बाहर हजारों लोग डेरा डाले रहे। दस दिन से जारी अपने अनशन को समाप्त करने के लिए सार्वजनिक तौर पर तीन शर्तों का ऐलान किया। उनका कहना था कि तमाम सरकारी कर्मचारियों को लोकपाल के दायरे में लाया जाए, तमाम सरकारी कार्यालयों में एक नागरिक चार्टर लगाया जाए और सभी राज्यों में लोकायुक्त हो। 74 वर्षीय हजारे ने कहा कि अगर जन लोकपाल विधेयक पर संसद चर्चा करती है और इन तीन शर्तों पर सदन के भीतर सहमति बन जाती है तो वह अपना अनशन समाप्त कर देंगे।

व्यक्ति निर्माण से ग्राम निर्माण और तब स्वाभाविक ही देश निर्माण के गांधीजी के मन्त्र को उन्होंने हकीकत में उतार कर दिखाया, और एक गाँव से आरम्भ उनका यह अभियान आज पूरे देश में फैल गया। व्यक्ति निर्माण के लिए मूल मन्त्र देते हुए उन्होंने युवाओं में उत्तम चरित्र, शुद्ध आचार–विचार, निष्कलंक जीवन व त्याग की भावना विकसित करने और निर्भयता को आत्मसात कर आम आदमी की सेवा को आदर्श के रूप में स्वीकार करने का आह्वान किया है। अन्ना जी लोकपाल बिल को लेकर केन्द्र सरकार से असहमत हैं। दिसम्बर 2013 में भी अनशन पर अपने गाँव में ही बैठ गये। सरकार ने आखिरकार 18 दिसम्बर, 2013 को लोकपाल बिल पास कर ही दिया।

63

अटल बिहारी वाजपेयी

Atal Bihari Bajpai

अटल बिहारी वाजपेयी

अटल बिहारी वाजपेयी (जन्म 15 दिसंबर, 1924 ग्वालियर) भारत के पूर्व प्रधान मन्त्री हैं। वे भारतीय जनसंघ की स्थापना करने वालों में से एक हैं और 1968 से 1973 तक उसके अध्यक्ष भी रहे। वे जीवन भर भारतीय राजनीति में सक्रिय रहे। उन्होंने लम्बे समय तक राष्ट्रधर्म, पांचजन्य और वीर अर्जुन आदि राष्ट्रीय भावना से ओत–प्रोत अनेक पत्र–पत्रिकाओं का सम्पादन भी किया।

आरम्भिक जीवन

अटल जी की बी०ए० की शिक्षा ग्वालियर के विक्टोरिया कालेज (वर्तमान में लक्ष्मीबाई कालेज) में हुई। छात्र जीवन से वे राष्ट्रीय स्वयंसेवक संघ के स्वयंसेवक बने और तभी से राष्ट्रीय स्तर की वाद–विवाद प्रतियोगिताओं में भाग लेते रहे। कानपुर के डी०ए०वी० कालेज से राजनीति शास्त्र में एम०ए० की परीक्षा प्रथम श्रेणी में उत्तीर्ण की। उसके बाद उन्होंने अपने पिताजी के साथ–साथ कानपुर में ही एल०एल०बी० की पढ़ाई भी प्रारम्भ की लेकिन उसे बीच में ही विराम देकर पूरी निष्ठा से राष्ट्रीय स्वयंसेबक संघ के कार्य में जुट गये।

राजनीतिक जीवन

सन् 1957 में बलरामपुर (जिला गोण्डा, उत्तर प्रदेश) से जनसंघ के प्रत्याशी के रूप में विजयी होकर लोकसभा में पहुँचे। सन् 1957 से 1977 तक जनता पार्टी की स्थापना तक वे बीस वर्ष तक लगातार जनसंघ के संसदीय दल के नेता रहे। सन् 1977 से 1979 तक विदेश मन्त्री रहे और विदेशों में भारत की छवि बनायी।

1980 में जनता पार्टी से असन्तुष्ट होकर इन्होंने भारतीय जनता पार्टी की स्थापना में मदद की। 6 अप्रैल, 1980 में बनी भारतीय जनता पार्टी के अध्यक्ष बने और दो बार राज्यसभा के लिये भी निर्वाचित हुए। लोकतन्त्र के सजग प्रहरी अटल बिहारी वाजपेयी ने सन् 1997 में प्रधानमन्त्री के रूप में देश की बागडोर संभाली। 19 अप्रैल, 1998 को पुनः प्रधानमन्त्री पद की शपथ ली और उनके नेतृत्व में 13 दलों की गठबन्धन सरकार ने पाँच वर्षों में देश के अन्दर प्रगति के अनेक आयाम छुए।

कवि के रूप में अटल

अटल बिहारी वाजपेयी राजनीतिज्ञ होने के साथ–साथ एक कवि भी हैं। 'मेरी इक्यावन कविताएँ' अटल जी का प्रसिद्ध काव्यसंग्रह है। उनकी सर्व प्रथम कविता ताजमहल थी। उनके संघर्षमय जीवन, परिवर्तनशील परिस्थितियाँ, राष्ट्रव्यापी आन्दोलन, जेल–जीवन आदि अनेकों आयामों के प्रभाव एवं अनुभूति ने काव्य में सदैव ही अभिव्यक्ति पायी।

प्रमुख रचनायें

उनकी कुछ प्रमुख प्रकाशित रचनाएँ इस प्रकार हैं

- मृत्यु या हत्या
- अमर बलिदान (लोक सभा में अटल जी के वक्तव्यों का संग्रह)
- कैदी कविराय की कुण्डलियाँ
- संसद में तीन दशक
- अमर आग है

सेक्युलरवाद

राजनीति की रपटीली राहें

बिन्दु बिन्दु विचार, इत्यादि।

अटल जी आजीवन अविवाहित रहे। वे एक ओजस्वी एवं पटु वक्ता (ओरेटर) एवं सिद्ध हिन्दी कवि भी हैं। उन्होंने अग्नि–दो और परमाणु परीक्षण कर देश की सुरक्षा के लिये साहसी कदम भी उठाये। अटल ही पहले विदेश मंत्री थे जिन्होंने संयुक्त राष्ट्र संघ में हिन्दी में भाषण देकर भारत को गौरवान्वित किया था। आजकल अटलजी अस्वसी चल रहें हैं।

64

ए.पी.जे. अब्दुल कलाम
A.P.J. Abdul Kalam

अब्दुल कलाम

जीवन-परिचय

भारत के ग्यारहवें राष्ट्रपति ए.पी.जे अब्दुल कलाम का पूरा नाम डॉक्टर अवुल पाकिर जैनुल्लाब्दीन अब्दुल कलाम है। ए.पी.जे अब्दुल कलाम का जन्म 15 अक्टूबर, 1931 को रामेश्वरम, तमिलनाडु में हुआ था। इनके पिता जैनुल्लाब्दीन कम पढ़े–लिखे और गरीब नाविक थे। परिणामस्वरूप बालक अब्दुल कलाम को अपनी आरंभिक शिक्षा पूरी करने के लिए घरों में अखबार वितरण करने का कार्य करना पड़ा। उनका लक्ष्य विज्ञान और तकनीक के क्षेत्र में उन्नति करना ही था, जिसके लिए उन्होंने कॉलेज में भौतिक विज्ञान विषय को चुना। इसके बाद उन्होंने मद्रास इंस्टीट्यूट ऑफ टेक्नोलॉजी से एरोनॉटिकल इंजीनियरिंग की पढ़ाई सपन्न की।

ए.पी.जे. अब्दुल कलाम– विज्ञान से राजनीति तक का सफर

सन् 1962 में ए.पी.जे अब्दुल कलाम भारतीय अंतरिक्ष अनुसंधान संगठन से जुड़ गए। डॉक्टर अब्दुल कलाम को प्रोजेक्ट डायरेक्टर के रूप में भारत का पहला स्वदेशी उपग्रह (एस.एल.वी तृतीय) प्रक्षेपास्त्र बनाने का श्रेय हासिल है। डॉक्टर ए.पी.जे अब्दुल कलाम जुलाई 1992 से दिसम्बर 1999 तक रक्षा मंत्री

के विज्ञान सलाहकार तथा सुरक्षा शोध और विकास विभाग के सचिव रहे। उन्होंने स्ट्रेटेजिक मिसाइल्स सिस्टम का उपयोग आग्नेयास्त्रों के रूप में किया। यह भारत सरकार के मुख्य वैज्ञानिक सलाहकार भी रहे। ए.पी.जे. अब्दुल कलाम को भारतीय जनता पार्टी समर्थित एन०डी०ए० घटक दलों ने राष्ट्रपति के चुनाव के समय अपना उम्मीदवार बनाया था जिसका वामदलों के अलावा समस्त दलों ने भी समर्थन किया। 18 जुलाई, 2002 को डॉक्टर कलाम को नब्बे प्रतिशत बहुमत द्वारा भारत का राष्ट्रपति चुना गया था।

उपलब्धियाँ

जुलाई 1980 में इन्होंने 'रोहिणी उपग्रह' को पृथ्वी की कक्षा के निकट स्थापित किया था। ए.पी.जे. अब्दुल कलाम ने पोखरण में दूसरी बार न्यूक्लियर विस्फोट भी परमाणु ऊर्जा के साथ मिलाकर किया। इस तरह भारत ने परमाणु हथियार के निर्माण की क्षमता प्राप्त करने में सफलता अर्जित की। इसके अलावा डॉक्टर कलाम ने भारत के विकास स्तर को 2020 तक विज्ञान के क्षेत्र में अत्याधुनिक करने के लिए एक विशिष्ट सोच भी प्रदान की।

सम्मान

ए.पी.जे अब्दुल कलाम को विज्ञान के क्षेत्र में अपने उत्कृष्ट योगदान के लिए भारत के नागरिक सम्मान के रूप में 1981 में **'पद्म भूषण'**, 1990 में **'पद्म विभूषण'**, 1997 में **'भारत रत्न'** प्रदान किए गए।

अब्दुल कलाम भारत के पहले ऐसे राष्ट्रपति हैं जो अविवाहित होने के साथ–साथ वैज्ञानिक पृष्ठभूमि से राजनीति में आए है। सर्वपल्ली राधाकृष्णन और डॉक्टर जाकिर हुसैन के बाद यह एकमात्र ऐसे राष्ट्रपति हैं, जिन्हें भारत रत्न मिलने का सम्मान राष्ट्रपति बनने से पूर्व ही प्राप्त हो गया था।

65

जवाहरलाल नेहरू

Jawaharlal Nehru

जवाहरलाल नेहरू

जीवन-परिचय

जवाहरलाल नेहरु (नवंबर 14, 1889 – मई 27, 1964) का जन्म उत्तर प्रदेश के इलाहाबाद में हुआ था। वे स्वतंत्र भारत के प्रथम प्रधानमन्त्री थे। जवाहर लाल नेहरू का जन्म इलाहाबाद में एक धनाढ्य वकील मोतीलाल नेहरू के घर हुआ था। उनको माँ का नाम स्वरूप रानी नेहरू था। नेहरू कश्मीरी वंश के सारस्वत ब्राह्मण थे।

शिक्षा

जवाहरलाल नेहरू ने अपनी स्कूली शिक्षा हैरो से, और कॉलेज की शिक्षा ट्रिनिटी कॉलेज, लंदन से पूरी की थी। इसके बाद उन्होंने अपनी लॉ की डिग्री कैम्ब्रिज विश्वविद्यालय से पूरी की।

जवाहरलाल नेहरू 1912 में भारत लौटे और वकालत शुरू की। 1916 में उनकी शादी कमला नेहरू से हुई। 1917 में जवाहर लाल नेहरू 'होम रूल लीग' में शामिल हो गए। नेहरू, महात्मा गाँधी के सक्रिय लेकिन शांतिपूर्ण, सविनय अवज्ञा आंदोलन के प्रति खासे आकर्षित हुए।

जवाहर लाल नेहरू ने 1920–1922 में 'असहयोग आंदोलन' में सक्रिय हिस्सा लिया और इस दौरान पहली बार गिरफ्तार किए गए। कुछ महीनों के बाद उन्हें रिहा कर दिया गया।

1924 में इलाहाबाद नगर निगम के अध्यक्ष चुने गए लेकिन 1926 में उन्होंने ब्रिटिश अधिकारियों द्वारा सहयोग न देने के कारण इस्तीफा दे दिया।

1926 से 1928 तक, जवाहर लाल अखिल भारतीय कांग्रेस समिति के महासचिव रहे। 1928–29 में, कांग्रेस के वार्षिक सत्र का आयोजन मोतीलाल नेहरू की अध्यक्षता में किया गया।

दिसम्बर 1929 में, कांग्रेस के वार्षिक अधिवेशन लाहौर में जवाहरलाल नेहरू कांग्रेस पार्टी के अध्यक्ष चुने गए। इसी सत्र के दौरान एक प्रस्ताव पूर्ण स्वराज्य की मांग की गई। 26 जनवरी, 1930 को लाहौर में जवाहरलाल नेहरू ने भारत का झंडा फहराया। गाँधी जी ने भी 1930 में सविनय अवज्ञा आंदोलन का आह्वान किया। आंदोलन काफी सफल रहा और इसने ब्रिटिश सरकार को प्रमुख राजनीतिक सुधारों की आवश्यकता को स्वीकार करने के लिए मजबूर कर दिया।

नेहरू कांग्रेस के अध्यक्ष पद के लिए 1936 और 1937 में चुने गए थे। उन्हें 1942 में भारत छोड़ो आंदोलन के दौरान गिरफ्तार भी किया गया और 1945 में छोड दिया गया। 1947 में भारत और पाकिस्तान की आजादी के समय उन्होंने अंग्रेज़ी सरकार के साथ हुई वार्ताओं में महत्वपूर्ण भागीदारी की।

भारत के प्रथम प्रधानमंत्री

1947 में वे स्वतंत्र भारत के पहले प्रधानमंत्री बने। जवाहरलाल नेहरू ने आधुनिक भारत के निर्माण में महत्वपूर्ण भूमिका अदा की। उन्होंने योजना आयोग का गठन किया, विज्ञान और प्रौद्योगिकी के विकास को प्रोत्साहित किया और तीन लगातार पंचवर्षीय योजनाओं का शुभारंभ किया। उनकी नीतियों के कारण देश में कृषि और उद्योग का एक नया युग शुरु हुआ। नेहरू ने भारत की विदेश नीति के विकास में एक प्रमुख भूमिका निभाई।

लेकिन नेहरू पाकिस्तान और चीन के साथ भारत के संबंधों में सुधार नहीं कर पाए। नेहरू ने चीन की तरफ मित्रता का हाथ भी बढाया, लेकिन 1962 में चीन ने धोखे से आक्रमण कर दिया। नेहरू के लिए यह एक बड़ा झटका था और शायद उनकी मौत भी इसी कारण हुई। 27 मई, 1964 को जवाहरलाल नेहरू को दिल का दौरा पड़ा जिसमें उनकी मृत्यु हो गई। हाँ, नेहरू की जगह सरदार पटेल स्वतन्त्र भारत के प्रधानमन्त्री बनते तो आज भारत का स्वरूप अलग ही होता।

66

चंद्रशेखर आजाद

Chandra Shekhar Azad

चंद्रशेखर आजाद

जीवन-परिचय

चंद्रशेखर आजाद का जन्म 23 जुलाई, 1906 को उन्नाव, उत्तर प्रदेश में हुआ था। चंद्रशेखर आजाद का वास्तविक नाम 'चंद्रशेखर सीताराम तिवारी' था। चंद्रशेखर आजाद का प्रारंभिक जीवन आदिवासी बाहुल्य क्षेत्र भावरा गाँव में व्यतीत हुआ। आजाद ने बचपन में ही धनुष–बाण चलाना सीख लिया था। चंद्रशेखर आजाद की माता जगरानी देवी ने उन्हें संस्कृत सीखने लिए काशी विद्यापीठ, बनारस भेजा। दिसंबर 1921 में जब गाँधी जी द्वारा 'असहयोग आंदोलन' की शुरूआत की गई उस समय मात्र चौदह वर्ष की उम्र में चंद्रशेखर आजाद ने इस आंदोलन में भाग लिया जिसके परिणामस्वरूप उन्हें गिरफ्तार कर मैजिस्ट्रेट के समक्ष उपस्थित किया गया। जब चंद्रशेखर से उनका नाम पूछा गया तो उन्होंने अपना नाम 'आजाद' और पिता का नाम 'स्वतंत्रता' बताया। यहीं से उनका नाम 'चंद्रशेखर आजाद' पड़ गया था। चंद्रशेखर को पंद्रह दिनों के कड़े कारावास की सजा प्रदान की गई।

क्रांतिकारी जीवन

1922 में गाँधी जी द्वारा 'असहयोग आंदोलन' को स्थगित कर देने की घटना

ने चंद्रशेखर आजाद को बहुत आहत किया। वह 'हिंदुस्तान रिपब्लिकन एसोसिएशन' जैसे क्रांतिकारी दल के संस्थापक राम प्रसाद बिस्मिल के विचारों से बहुत प्रभावित हुए। चंद्रशेखर आजाद के समर्पण और निष्ठा की पहचान करने के बाद बिस्मिल ने चंद्रशेखर आजाद को अपनी संस्था का सक्रिय सदस्य बना दिया। अंग्रेज़ी सरकार के धन की चोरी और डकैती जैसे कार्यों द्वारा चंद्रशेखर आजाद अपने साथियों के साथ संस्था के लिए धन एकत्र करते थे। लाला लाजपत राय की हत्या का बदला लेने के लिए चंद्रशेखर आजाद ने अपने साथियों के साथ मिलकर 'सॉण्डर्स' की हत्या भी की थी। जलियांवाला बाग जैसे अमानवीय घटनाक्रम, जिसमें हजारों निहत्थे और बेगुनाहों पर गोलियां बरसाईं गईं, ने चंद्रशेखर आजाद को बहुत आहत किया जिसके बाद उन्होंने हिंसा को ही अपना मार्ग बना लिया।

चंद्रशेखर आजाद और भगत सिंह

1925 में 'हिंदुस्तान रिपब्लिकन एसोसिएशन' की स्थापना की गई। 1925 में 'काकोरी कांड' हुआ जिसके आरोप में अशफाक उल्ला खाँ, बिस्मिल समेत अन्य मुख्य क्रांतिकारियों को मौत की सजा सुनाई गई। जिसके बाद चंद्रशेखर ने इस संस्था का पुनर्गठन किया। भगत सिंह, सुखदेव, राजगुरु के साथ मिलकर चंद्रशेखर आजाद ने अंग्रेज़ी हुकूमत को डराने और भारत से खदेड़ने का हर संभव प्रयास किया।

निधन

1931 में फरवरी के अंतिम सप्ताह में चंद्रशेखर आजाद अपने साथी सुखदेव राज के साथ 'एल्फ्रेड पार्क' में आगामी योजनाओं के विषय में बात ही कर रहे थे कि पुलिस ने उन्हें घेर लिया। चंद्रशेखर आजाद ने पहले ही यह प्रण किया था कि वह कभी भी जिंदा पुलिस के हाथ नहीं आएंगे। इसी प्रण को निभाते हुए उन्होंने वह बची हुई गोली खुद को मार ली।

पुलिस के अंदर चंद्रशेखर आजाद का भय इतना था कि किसी को भी उनके मृत शरीर के पास जाने तक की हिम्मत नहीं थी। उनके शरीर पर गोली चला और पूरी तरह आश्वस्त होने के बाद ही चंद्रशेखर की मृत्यु की पुष्टि हुई।

67

मनमोहन सिंह

Manmohan Singh

मनमोहन सिंह

जीवन-परिचय

भारत के सत्रहवें और वर्तमान प्रधानमंत्री मनमोहन सिंह का जन्म 26 सितंबर, 1932 को पाकिस्तान के 'गाह' नामक एक छोटे से गाँव में हुआ था। देश के विभाजन के बाद मनमोहन सिंह का परिवार भारत आ गया था। मनमोहन सिंह ने पंजाब विश्वविद्यालय से प्रथम श्रेणी में बी.ए (ऑनर्स) की पढ़ाई पूरी की। इसके बाद सन् 1954 में यहीं से एम.ए (इकोनॉमिक्स) में भी उन्होंने पहला स्थान प्राप्त किया। पी.एच.डी की डिग्री प्राप्त करने के लिए वह 'कैंब्रिज विश्वविद्यालय' गए जहाँ उन्हें उत्कृष्ट प्रदर्शन के लिए 'राइट्स पुरस्कार' से सम्मानित किया गया। ऑक्सफोर्ड यूनिवर्सिटी के 'नेफिल्ड कॉलेज' से मनमोहन सिंह ने डी. फिल की परीक्षा उत्तीर्ण की। मनमोहन सिंह पंजाब विश्वविद्यालय, चंडीगढ़ में व्यॉख्याता के पद पर नियुक्त होने के बाद जल्द ही प्रोफेसर के पद पर पहुँच गए। मनमोहन सिंह ने दो वर्ष तक दिल्ली स्कूल ऑफ इकोनॉमिक्स में भी अध्यापन कार्य किया। मन्मोहन सिंह अपने व्याख्यानों के लिए कई बार विदेश भी बुलाए गए। इन्दिरा गाँधी के काल में वह रिजर्व बैंक के 'गवर्नर' भी बनाए गए।

मनमोहन सिंह एक कुशल राजनेता के साथ एक अच्छे अर्थशास्त्री और विचारक भी हैं। सादगी और अंतर्मुखी स्वभाव वाले मनमोहन सिंह बेहद चतुर और बुद्धिमान व्यक्तित्व वाले प्रधानमंत्री हैं।

राजनैतिक सफर

राजीव गाँधी के कार्यकाल में मनमोहन सिंह को योजना आयोग का उपाध्यक्ष निर्वाचित किया गया था। इस पद पर वह निरंतर पांच वर्षों तक कार्य करते रहे। वह 1999 में प्रधानमंत्री के आर्थिक सलाहकार नियुक्त किए गए। वह पी. वी. नरसिंह राव मंत्रिमंडल में वित्त मंत्रालय के स्वतंत्र प्रभारी बने। मनमोहन सिंह सन् 1991 में असम की सीट से राज्यसभा के लिए चुने गए। शासकीय अनुभव के बल पर अप्रैल 2004 को 72 वर्ष की आयु में वह प्रधानमंत्री नियुक्त किए गए। पुनः दूसरी बार उन्हें वर्ष 2009 में प्रधानमंत्री बनने का अवसर मिला।

उपलब्धियाँ

प्रधानमंत्री मनमोहन सिंह ने भारतीय कृषि और कृषकों की दशा सुधारने के लिए फसलों का समर्थन मूल्य बढ़ाया। 'राष्ट्रीय ग्रामीण रोजगार गारंटी' कानून की शुरुआत की।

1956 में कैम्ब्रिज विश्वविद्यालय का **'ऐडम स्मिथ पुरस्कार'**।

1987 में मनमोहन सिंह को **'पद्मविभूषण'** प्रदान किया गया।

1993 और 1994 का **'एशिया मनी अवार्ड'** फॉर फाइनेन्स मिनिस्टर ऑफ् द ईयर।

1994 का **'यूरो मनी अवार्ड'** फॉर द फाइनेंस मिनिस्टर ऑफ द ईयर।

68

महात्मा गाँधी

Mahatma Gandhi

महात्मा गाँधी

जीवन-परिचय

महात्मा गाँधी के नाम से लोकप्रिय मोहनदास कर्मचंद गाँधी का जन्म 2 अक्टूबर, 1869 को पोरबंदर गुजरात में हुआ था। उनके पैतृक घर को आज 'कीर्ति मंदिर' के नाम से जाना जाता है। महात्मा गाँधी के पिता कर्मचंद गाँधी पोरबंदर राज्य के दीवान थे। उस समय समाज में प्रचलित बाल विवाह की प्रथा का अनुसरण करते हुए बाल्यावस्था में ही महात्मा गाँधी का विवाह कस्तूरबा गाँधी से संपन्न हुआ था। कस्तूरबा गांधी को महात्मा गाँधी के अनुयायी और जनता "बा" के नाम से पुकारती थीं। महात्मा गाँधी ने पोरबंदर से प्राथमिक और राजकोट से हाई स्कूल की परीक्षा उत्तीर्ण की थी। उन्होंने भावनगर स्थित 'सामलदास कॉलेज' से मैट्रिक की परीक्षा पास की। 4 सितंबर, 1888 को गाँधी जी लंदन स्थित यूनिवर्सिटी कॉलेज में कानून की पढ़ाई करने और बैरिस्टर की ट्रेनिंग लेने के लिए इंग्लैंड चले गए।

दक्षिण अफ्रीका में नागरिक अधिकार आंदोलन (1893–1914)

वर्ष 1893 में दक्षिण अफ्रीका में गाँधी जी भी भारतीयों के साथ होते भेदभाव के शिकार हुए। उन्हें ट्रेन का फर्स्ट क्लास टिकट होने के बावजूद थर्ड

क्लास में यात्रा करने को कहा गया। दक्षिण अफ्रीका में रहते हुए महात्मा गाँधी ने 'रंग भेद की नीति' के खिलाफ भी कई आंदोलन किए।

भारतीय स्वतंत्रता संग्राम (1915–1945)

वर्ष 1915 में भारत लौटने के पश्चात् महात्मा गाँधी प्रतिष्ठित कांग्रेसी नेता गोपाल कृष्ण गोखले के संपर्क में आए। वह भारतीय राष्ट्रीय कांग्रेस में आम जनता के हितों को लेकर अपनी आवाज उठाते थे। वर्ष 1917 और 1918 में गाँधी जी ने खाद्य वस्तुओं की अपेक्षा नील और गैर खाद्य वस्तुओं की खेती के विरोध में चंपारन और खेड़ा सत्याग्रह किया। इसके बाद गाँधी जी ने अपने अनुयायियों समेत अहिंसा पर बल देते हुए 'असहयोग आंदोलन' की शुरूआत की। उन्होंने भारतीय नागरिकों को विदेशी वस्तुओं का बहिष्कार करने और स्वदेशी चीजों को अपनाने पर जोर दिया। वर्ष 1930 में उन्होंने अंग्रेज़ों द्वारा बनाए गए नमक कानून को तोड़ने के लिए डांडी यात्रा भी की। 1942 में 'भारत छोड़ो आन्दोलन' में भारतीय स्वतंत्रता सेनानियों का नेतृत्व कर 'प्रसिद्धि' प्राप्त की।

भारत विभाजन

14 अगस्त की रात्रि को पाकिस्तान का निर्माण हुआ और 15 अगस्त की मध्य रात्रि को भारतीय स्वाधीनता की घोषणा हुई। गाँधी जी की कृपा से ही स्वतन्त्र भारत का प्रधानमंत्री जवाहरलाल नेहरू को बनाया गया।

हत्या

आजादी के एक वर्ष के बाद 30 जनवरी, 1948 को प्रार्थना सभा के दौरान नाथू राम गोड्से नाम के एक हिंदू राष्ट्रवादी ने गोली मारकर महात्मा गाँधी की हत्या कर दी। जन–मानस को अहिंसा का रास्ता दिखाने वाले गाँधी जी एक अच्छे लेखक भी थे। कई दशकों तक महात्मा गाँधी 'हरिजन' नामक समाचार पत्र का गुजराती, हिंदी और अंग्रेजी भाषा में संपादन करते रहे। अपनी आत्मकथा 'माई एक्सपेरिमेंट्स विद ट्रुथ' के अलावा महात्मा गाँधी ने कई किताबें लिखी हैं। गाँधी जी के समूचे साहित्यिक कार्य को भारतीय सरकार द्वारा 'द कलेक्टेड वर्क्स ऑफ महात्मा गाँधी' के अंतर्गत प्रकाशित किया गया है। प्रत्येक वर्ष 2 अक्टूबर को उनके जन्म दिवस को गाँधी जयंती और अहिंसा दिवस के रूप में पूरे हर्षोल्लास के साथ मनाया जाता है।

69

इन्दिरा गाँधी

Indira Gandhi

इन्दिरा गाँधी

जीवन-परिचय

स्वतंत्र भारत की पहली महिला प्रधानमंत्री रही इंदिरा गाँधी का जन्म प्रसिद्ध नेहरू परिवार में 19 नवंबर, 1917 को इलाहाबाद में हुआ था। इंदिरा गाँधी का पूरा नाम इंदिरा प्रियदर्शिनी गाँधी है। इनके पिता पं. जवाहरलाल नेहरू देश के पहले प्रधानमंत्री होने के साथ–साथ वकालत के पेशे से भी संबंधित थे। इनके पिता और दादा (मोतीलाल नेहरू) दोनों ही स्वतंत्रता आंदोलनों में रहे जिसका प्रभाव इंदिरा गाँधी पर भी पड़ा। इनकी प्रारंभिक शिक्षा घर पर ही हुई। आगे की शिक्षा इन्होंने पश्चिम बंगाल के 'विश्वभारती विश्वविद्यालय' और इंग्लैंड के 'ऑक्सफोर्ड यूनिवर्सिटी' से प्राप्त की।

राजनैतिक योगदान

इंदिरा प्रियदर्शिनी गाँधी को विश्व राजनीति में लौह–महिला के रूप में जाना जाता है। उचित और तुरंत निर्णय लेने की क्षमता ने कॉग्रेस सरकार में इंदिरा गाँधी की महत्ता और उनके कद को कई गुणा बढ़ा दिया था। अपने दृढ़ और संकल्पशील आचरण की वजह से वह दो बार देश की प्रधानमंत्री रहीं। देश को अधिक मजबूत और सशक्त बनाने के लिए इंदिरा गाँधी ने कई प्रयास भी

किए। इसके अलावा देश में पहला परमाणु विस्फोट करने का श्रेय भी मुख्य रूप से इंदिरा गाँधी को ही जाता है। इंदिरा गाँधी भारत की शक्तिशाली प्रधानमन्त्री मानी जाती थी। उन्हें Iron Lady के नाम से जाना जाता है। उन्होंने ही अमेरिका जैसे देश को चेतावनी दे दी थी, जब पाकिस्तान से युद्ध चल रहा था।

उपलब्धियाँ

अपने राजनैतिक कार्यकाल में उन्होंने कई उपलब्धियों को हासिल किया, जिनमें निम्न प्रमुख हैं:

बैंकों का राष्ट्रीयकरण सर्वप्रथम इंदिरा गाँधी ने ही किया था।

रजवाड़ों का 'प्रीवी–पर्स' समाप्त करना उनकी एक महत्वपूर्ण उपलब्धि है।

'ऑप्रेशन–ब्लू स्टार' जिससे खालिस्तानी आंदोलन को समाप्त किया गया इंदिरा गाँधी के आदेशों के अंतर्गत ही चलाया गया था।

पाँचवीं पंचवर्षीय योजना के अंतर्गत 'गरीबी हटाओ' का नारा दिया और देश से निर्धनता समाप्त करने के 'बीस सूत्रीय' कार्यक्रमों का निर्धारण किया गया।

निधन

खालिस्तान समर्थकों ने उनके द्वारा चलाए गए 'ऑप्रेशन ब्लू–स्टार' का बहुत विरोध किया लेकिन इंदिरा ने इस ऑपरेशन को वापस नहीं लिया और उनके इस फैसले से नाराज उनके अंगरक्षकों ने ही उन्हें 31 अक्टूबर, 1984 को उन्हें गोली मार दी।

70

राजीव गाँधी

Rajiv Gandhi

राजीव गाँधी

जीवन-परिचय

20 अगस्त, 1944 को जन्में राजीव गाँधी, इंदिरा गाँधी के पुत्र और पं. जवाहर लाल नेहरू के धेवते होने के साथ–साथ स्वतंत्र भारत के नौवें प्रधानमंत्री भी थे। इनका पूरा नाम राजीव रत्न गाँधी था। सन् 1984 में इंदिरा गाँधी की हत्या के पश्चात् उनके पुत्र राजीव गाँधी भारी बहुमत से प्रधानमंत्री बने। राजीव गाँधी और उनके छोटे भाई संजय गाँधी की प्रारंभिक शिक्षा देहरादून के एक प्रतिष्ठित स्कूल में हुई थी। आगे की पढ़ाई के लिए उन्होंने लंदन के 'इम्पीरियल कॉलेज' में दाखिला लिया। साथ ही कैम्ब्रिज यूनिवर्सिटी से इंजीनीयरिंग का पाठयक्रम भी पूरा किया। भारत लौटने के बाद राजीव गाँधी ने लाइसेंसी पायलट के तौर पर इण्डियन एयरलाइंस में काम करना शुरू किया। कैम्ब्रिज में पढ़ाई के दौरान राजीव गाँधी की मुलाकात 'एंटोनिया मैनो' से हुई, विवाहोपरांत जिनका नाम बदलकर सोनिया गाँधी रखा गया। 23 जून 1980 को उनके छोटे भाई संजय गाँधी की दुर्घटना में मृत्यु हुई, तब उन्होंने अपनी माँ को सहयोग देने के लिए राजनीति में प्रवेश किया। वहीं 1984 में माँ की हत्या ने उन्हें पूर्ण रूप से कांग्रेस के प्रति समर्पित नेता बना दिया।

व्यक्तित्व

राजीव गाँधी को एक सरल स्वभाव का व्यक्ति माना जाता था। पार्टी में उनकी छवि एक उदार नेता की थी। प्रधानमंत्री बनने के बाद वह कोई भी निर्णय अपने कार्यकर्ताओं से विचार–विमर्श करने के बाद ही लेते थे। वह सहनशील और निर्मल स्वभाव के व्यक्ति थे।

राजनैतिक योगदान

दिसंबर 1984 के चुनावों में कंग्रेस ने जबरदस्त बहुमत हासिल किया। इस जीत का नेतृत्व भी राजीव गाँधी ने ही किया था। अपने शासनकाल में उन्होंने प्रशासनिक सेवाओं और नौकरशाही में सुधार लाने के लिए कई कदम उठाए। कश्मीर और पंजाब में चल रहे अलगावावादी आंदोलनकारियों को हतोत्साहित करने के लिए राजीव गाँधी ने कड़े प्रयत्न किए। भारत में गरीबी के स्तर में कमी लाने और गरीबों की आर्थिक दशा सुधारने के लिए 1 अप्रैल सन् 1989 को राजीव गाँधी ने 'जवाहर रोजगार गारंटी योजना' को लागू किया जिसके अंतर्गत 'इंदिरा आवास योजना' और दस लाख कुआं योजना जैसे कई कार्यक्रमों की शुरुआत की।

पुरस्कार

राजीव गाँधी को समाज और राजनीति में अपने उत्कृष्ट योगदान के लिए देश के सर्वोच्च सम्मान **'भारत रत्न'** से अलंकृत किया गया।

निधन

श्रीलंका में चल रहे लिट्टे और सिंघलियों के बीच युद्ध को शांत करने के लिए राजीव गाँधी ने भारतीय सेना को श्रीलंका में तैनात कर दिया। जिसका प्रतिकार लिट्टे ने तमिलनाडु में चुनावी प्रचार के दौरान राजीव गाँधी पर 21 मई, 1991 को आत्मघाती हमला करवा कर लिया। इस हमले में राजीव गाँधी की मृत्यु हो गई।

71

नरेन्द्र मोदी
Narendra Modi

नरेन्द्र मोदी

निजी जीवन

नरेन्द्र मोदी का जन्म तत्कालीन मुंबई राज्य के महेसाना जिले के एक मध्यम–वर्गीय परिवार में हुआ। वह शाकाहारी हैं। भारत पाकिस्तान के बीच द्वितीय युद्ध के दौरान अपने तरुणकाल में उन्होंने स्वेच्छा से रेलवे स्टेशनों पर सफर कर रहे सैनिकों की सेवा की। युवावस्था में वह छात्र संगठन अखिल भारतीय विद्यार्थी परिषद में शामिल हुए और साथ ही साथ भ्रष्टाचार विरोधी नव निर्माण आन्दोलन में हिस्सा लिया। एक पूर्णकालिक आयोजक के रूप में कार्य करने के पश्चात् उन्हें भारतीय जनता पार्टी में संगठन का प्रतिनिधि मनोनीत किया गया। किशोरावस्था में अपने भाई के साथ एक चाय की दुकान चला चुके मोदी ने अपनी स्कूली शिक्षा वड़नगर में पूरी की। वह गुजरात विश्वविद्यालय से राजनीति विज्ञान में परास्नातक हैं।

प्रारंभिक सक्रियता और राजनीति

नरेन्द्र मोदी जब विश्वविद्यालय के छात्र थे तभी से वे राष्ट्रीय स्वयंसेवक संघ की शाखा में नियमित रूप से जाने लगे थे और भारतीय जनता पार्टी का आधार मजबूत करने में प्रमुख भूमिका निभायी।

अप्रैल 1990 में जब केन्द्र में मिली जुली सरकारों का दौर शुरू हुआ। मोदी की मेहनत रंग लायी। जब गुजरात में 1995 के विधानसभा चुनावों में भारतीय जनता पार्टी ने अपने बलबूते दो तिहाई बहुमत प्राप्त कर सरकार बना ली। सोमनाथ से लेकर अयोध्या तक की रथयात्रा जिसमें आडवाणी जी के प्रमुख सारथी की मूमिका में नरेन्द्र मोदी का मुख्य सहयोग रहा। इसी प्रकार की दूसरी रथ यात्रा कन्याकुमारी से लेकर सुदूर उत्तर में स्थित कश्मीर तक की नरेन्द्र मोदी की ही देखरेख में आयोजित हुई। इन दोनों यात्राओं ने मोदी का राजनीतिक कद ऊँचा कर दिया। नरेन्द्र मोदी को भाजपा में संगठन की दृष्टि से केन्द्रीय मन्त्री का दायित्व सौंपा गया।

1995 में राष्ट्रीय मन्त्री के नाते उन्हें पाँच प्रमुख राज्यों में पार्टी संगठन का काम दिया गया जिसे उन्होंने बखूबी निभाया। 1998 में उन्हें पदोन्नत करके राष्ट्रीय महामन्त्री (संगठन) का उत्तरदायित्व दिया गया। इस पद पर वे अक्तूबर 2001 तक काम करते रहे। भारतीय जनता पार्टी ने अक्तूबर 2001 में गुजरात के मुख्यमन्त्री पद की कमान नरेन्द्र भाई मोदी को सौंप दी।

विवाद एवम् आलोचनाएँ

27 फरवरी, 2002 को अयोध्या से गुजरात वापस लौटकर आ रहे कारसेवकों को गोधरा स्टेशन पर खड़ी ट्रेन में एक हिंसक भीड़ द्वारा आग लगाकर जिन्दा जला दिया गया। इस घटना की प्रतिक्रिया स्वरूप समूचे गुजरात में हिन्दू–मुस्लिम दंगे भड़क उठे। परिणामस्वरूप पूरे प्रदेश में राष्ट्रपति शासन लागू हो गया। राज्य में दोबारा चुनाव हुए जिसमें भारतीय जनता पार्टी ने मोदी के नेतृत्व में विधानसभा की कुल 182 सीटों में से 127 सीटों पर जीत हासिल की।

अप्रैल 2009 में भारत के उच्चतम न्यायालय के विशेष जाँच दल ने यह जानना चाहा कि कहीं गुजरात के दंगों में नरेन्द्र मोदी की साजिश तो नहीं थी। यह दल दंगों में मारे गये काँग्रेसी सांसद ऐहसान जाफरी की विधवा जाकिया जाफरी की शिकायत पर भेजा। दिसम्बर 2010 में उच्चतम न्यायालय ने एस०आई०टी० की रिपोर्ट पर यह फैसला सुनाया कि इन दंगों में नरेन्द्र मोदी के खिलाफ कोई ठोस सबूत नहीं मिला है।

मोदी के नेतृत्व में 2012 में हुए गुजरात विधान सभा चुनाव में भारतीय जनता पार्टी ने स्पष्ट बहुमत प्राप्त किया। तब से अब तक गुजरात के मुख्यमंत्री बने हुए हैं। भारतीय जनता पार्टी ने श्री नरेन्द्र मोदी को आगामी लोकसभा चुनाव (2014) में अपना प्रधानमंत्री पद के लिए नेता चुना है। हाल ही में श्री नरेन्द्र मोदी जी के नेतृत्व में भाजपा ने चार विधान सभाओं के चुनाव

72

डॉ. राजेन्द्र प्रसाद

Dr. Rajinder Prasad

डॉ. राजेन्द्र प्रसाद

जीवन-परिचय

26 जनवरी, 1950 को जब भारत को संविधान के रूप में एक गणतंत्र राष्ट्र का दर्जा दिया गया उसी दिन डॉ. राजेन्द्र प्रसाद के रूप में स्वतंत्र भारत को पहला राष्ट्रपति भी प्राप्त हुआ. राजेन्द्र प्रसाद का जन्म 3 दिसंबर, 1884 को बिहार के एक छोटे से गाँव जीरादेई में हुआ था। यह वो समय था जब धर्म के नाम पर भेदभाव जैसी व्यवस्थाएं समाज से पूरी तरह विलुप्त थीं। राजेंद्र जी के भी कई सारे मित्र मुसलमान थे जो उनके साथ मिलकर होली खेलते थे और हिन्दू मुहर्रम वाले दिन ताजिए निकालते थे। एक बड़े संयुक्त परिवार के सबसे छोटे सदस्य होने के कारण इनका बचपन बहुत प्यार और दुलार से बीता। संयुक्त परिवार होने के कारण पारिवारिक सदस्यों के आपसी संबंध बेहद मधुर और गहरे थे। इनके पिता का नाम महादेव सहाय था। डॉ. राजेंद्र प्रसाद की प्रारंभिक शिक्षा उन्हीं के गाँव जीरादेई में हुई। उस समय यह रिवाज था कि शिक्षा का आरंभ फारसी भाषा से ही किया जाएगा। इसीलिए राजेंद्र प्रसाद और उनके चचेरे भाइयों को पढ़ाने एक मौलवी आते थे। पढ़ाई की तरफ इनका रुझान बचपन से ही था। बाल–विवाह की परंपरा का अनुसरण करते हुए मात्र 12 वर्ष की आयु में

इनका विवाह राजवंशी देवी से संपन्न हुआ। राजेंद्र प्रसाद ने अपने लगातार खराब रहने वाले स्वास्थ्य का असर अपनी पढ़ाई पर नहीं पड़ने दिया। आगे की पढ़ाई के लिए उन्होंने कलकत्ता विश्वविद्यालय की प्रवेश परीक्षा में पहला स्थान प्राप्त किया। उन्हें 30 रूपए महीने की छात्रवृत्ति भी प्रदान की गई। जीरादेई गाँव से पहली बार किसी युवक ने कलकत्ता विश्वविद्यालय में प्रवेश पाने में सफलता प्राप्त की थी जो निश्चित ही राजेंद्र प्रसाद और उनके परिवार के लिए गर्व की बात थी। सन् 1902 में उन्होंने कलकत्ता प्रेसिडेंसी कॉलेज में प्रवेश लिया। सन् 1915 में कानून में मास्टर की डिग्री में विशिष्टता पाने के लिए राजेन्द्र प्रसाद को सोने का मेडल मिला। इसके बाद उन्होंने कानून में डॉक्टरेट की उपाधि भी प्राप्त की।

व्यक्तित्व

डॉ. राजेन्द्र प्रसाद का जन्म उस काल में हुआ जब ब्रिटिश साम्राज्यवाद पूरी तरह अपने पांव पसार चुका था। खाने–पीने, कपड़े पहनने से लेकर लगभग हर क्षेत्र में ब्रिटिश छाप महसूस की जा सकती थी। लेकिन राजेंद्र प्रसाद परंपरा के अनुसार हमेशा धोती–कुर्ता और सर पर टोपी पहनते थे। वह एक विद्वान और प्रतिभाशाली पुरुष थे। संयुक्त परिवार में सबसे छोटे होने के कारण राजेंद्र प्रसाद का बचपन बहुत दुलार से बीता था। वह एक दृढ़ निश्चयी और उदार दृष्टिकोण वाले व्यक्ति थे। कायस्थ परिवार से संबंधित होने के कारण राजेंद्र प्रसाद थोड़े रूढिवादी विचारधारा वाले थे। उन्होंने स्वयं स्वीकार किया था कि वह ब्राह्मण के अलावा किसी और का छुआ भोजन तक नहीं खाते थे। उन्होंने अपना यह व्यवहार गाँधी जी के संपर्क में आने के बाद छोड़ा था।

राजनैतिक सफर

डॉ राजेन्द्र प्रसाद का राजनैतिक सफर स्वदेशी आंदोलन के साथ तभी शुरू हो गया था जब उन्होंने गाँधी जी से प्रेरित हो विदेशी कपड़ों की आहुति दे दी थी। गोपाल कृष्ण गोखले ने 1905 में सर्वेंट्स ऑफ इण्डिया सोसायटी की शुरुआत की तब राजेंद्र प्रसाद को इसमें सदस्यता लेने के लिए बहुत प्रेरित किया। लेकिन परिवारवालों की इच्छा के विरुद्ध वह कोई भी कदम उठाना

नहीं चाहते थे इसलिए उनका प्रस्ताव ठुकरा दिया। इस बीच कानून की डिग्री प्राप्त करने के बाद राजेन्द्र प्रसाद कई प्रसिद्ध वकीलों, विद्वानों और लेखकों से मिले। अब तक वह भारतीय कांग्रेस कमेटी के सदस्य भी बन गए थे। एक समर्पित कार्यकर्ता की छवि के चलते वह जल्द ही गाँधी जी के संपर्क में आ गए थे। यही उनके राजनैतिक जीवन की एक सुनहरी शुरुआत थी। चम्पारन आंदोलन के दौरान राजेन्द्र प्रसाद, गाँधी जी के वफादार साथी बन गए थे। गाँधी जी के प्रभाव में आने के बाद उन्होंने अपनी पुरानी और रूढिवादी विचारधारा का त्याग कर दिया और एक नई ऊर्जा के साथ स्वतंत्रता आंदोलन में अपनी भागीदारी सुनिश्चित की। राजेन्द्र प्रसाद राष्ट्रीय कॉग्रेस के एक से अधिक बार अध्यक्ष भी रहे। भले ही 15 अगस्त, 1947 को भारत को स्वतंत्रता प्राप्त हुई लेकिन संविधान सभा का गठन उससे कुछ समय पहले ही कर लिया गया था जिसके अध्यक्ष डॉ. राजेन्द्र प्रसाद थे। 26 जनवरी, 1950 को भारत गणतंत्र बना और देश को अपना पहला राष्ट्रपति मिल गया।

उपलब्धियाँ

डॉ. राजेन्द्र प्रसाद भारत के एकमात्र राष्ट्रपति थे, जिन्होंने लगातार दो बार राष्ट्रपति का पद प्राप्त किया।

राष्ट्रपति के पद पर रहते हुए राजेन्द्र प्रसाद ने सद्भावना के उद्देश्य से कई देशों की यात्राएं भी कीं उन्होंने इस आण्विक युग में शांति बनाए रखने की आवश्यकता पर जोर दिया।

सम्मान

सन् 1962 में अपने राजनैतिक और सामाजिक योगदान के लिए उन्हें भारत के सर्वश्रेष्ठ नागरिक सम्मान "भारत रत्न" से नवाजा गया।

निधन

राजनीति से सन्यास लेने के बाद राजेन्द्र प्रसाद ने अपना जीवन पटना के निकट एक आश्रम में बिताया जहाँ 28 फरवरी, 1963 को उनका निधन हो गया।

राजेन्द्र प्रसाद मौलिक रूप से एक सादगी पसंद राष्ट्रपति थे। बचपन

में भी जब उनके साथी विदेशी संस्कृति से प्रभावित हो पैंट–शर्ट पहनने लगे थे, उस समय भी राजेन्द्र प्रसाद केवल धोती–कुर्ता पहनने में ही खुद को सहज महसूस करते थे। उनके जीवन से जुड़ी कई ऐसी घटनाएं है जो यह प्रमाणित करती हैं कि राजेन्द्र प्रसाद बेहद दयालु और निर्मल स्वभाव के थे। भारतीय राजनैतिक इतिहास में उनकी छवि एक महान और विनम्र राष्ट्रपति की है। अपने निधन के इतने वर्षों बाद भी वे समस्त राजनेताओं के बीच एक आदर्श के रूप में याद किए जाते हैं।

73

प्रतिभा देवी सिंह पाटिल

Pratibha Devi Singh Patil

प्रतिभा देवी सिंह पाटिल

जीवन-परिचय

स्वतंत्र भारत के इतिहास में पहली महिला राष्ट्रपति प्रतिभा देवी सिंह पाटिल का जन्म 19 दिसंबर, 1934 को महाराष्ट्र के जलगांव जिले में हुआ था। इनके पिता का नाम नारायण राव था। प्रतिभा पाटिल की प्रारंभिक शिक्षा जलगांव में ही हुई थी। जलगांव के मूलजी जैठा कॉलेज से इन्होंने स्नातकोत्तर की पढ़ाई संपन्न की। इसके बाद प्रतिभा पाटिल ने मुंबई के गवर्मेंट लॉ कॉलेज से कानून की पढ़ाई पूरी की। टेबल टेनिस की बेहतरीन खिलाड़ी प्रतिभा पाटिल एक समर्पित सामाजिक कार्यकर्ता भी रही हैं। उन्होंने कई इंटर कॉलेज प्रतियोगिताओं में टेबल टेनिस के खेल में अपने संस्थान का नाम भी रोशन किया है। वह 1962 में कॉलेज क्वीन भी चुनी जा चुकी हैं। सन् 1965 में प्रतिभा पाटिल का विवाह शिक्षाविद देवीसिंह रणसिंह शेखावत के साथ संपन्न हुआ। भारतीय परंपराओं का निर्वाह करते हुए उन्होंने अपने पिता के नाम को छोड़ अपने पति के नाम को अपना लिया।

व्यक्तित्व

साड़ी और बड़ी सी बिंदी लगाने वाली यह साधारण पहनावे वाली महिला

राजनीति में आने से पहले सामाजिक कार्यकर्ता के रूप में कार्य कर रही थी। प्रतिभा पाटिल एक बेहद सम्माननीय महिला के तौर पर देखी जाती हैं। केवल इसीलिए नहीं कि वह भारत की राष्ट्रपति थी, बल्कि इसीलिए क्योंकि देश के सर्वोच्च पद पर पहुँचने के बाद भी उन्होंने एक महिला होने के नाते अपनी गरिमा को बनाए रखा है। उनका व्यक्तित्व स्वयं ही एक शांत और निर्मल स्वभाव की महिला की पहचान है।

राजनैतिक सफर

27 वर्ष की आयु में प्रतिभा पाटिल ने अपने राजनैतिक जीवन की शुरुआत की। 1962 में उन्होंने एदलाबाद क्षेत्र से विधानसभा (एसेंबली) के चुनाव में भारतीय राष्ट्रीय कांग्रेस के टिकट पर विजय प्राप्त की। उन्होंने अपने राजनीतिक जीवन का प्रारंभ कांग्रेस के वरिष्ठ नेता और महाराष्ट्र के भूतपूर्व मुख्यमंत्री यशवंत राव चौहान की देख–रेख में प्रारंभ किया। प्रतिभा पाटिल सन् 1962 से 1985 तक पाँच बार महाराष्ट्र विधानसभा की सदस्य रहीं। कैबिनेट मंत्री के रूप में कार्य करते हुए उन्होंने कई महत्वपूर्ण मंत्रालयों का कार्यभार संभाला। श्रीमती प्रतिभा देवीसिंह पाटिल प्रदेश कॉग्रेस समिति महाराष्ट्र की अध्यक्षा, राष्ट्रीय शहरी सहकारी बैंक एवं ऋण संस्थाओं की निदेशक भी रह चुकी हैं। उन्हें दसवीं लोकसभा (संसद के निचले सदन) के लिए निर्वाचित किया गया और उन्होंने अध्यक्षा, सदन समिति, लोक सभा के रूप में भी कार्य किया। श्रीमती पाटिल को 2004 में राजस्थान की राज्यपाल के रूप में नियुक्त किया गया लेकिन जब उन्हें कॉग्रेस की ओर से राष्ट्रपति पद का प्रत्याशी बनाया गया तब प्रतिभा देवी सिंह पाटिल ने 2007 में राज्यपाल के पद से इस्तीफा दे दिया। राष्ट्रपति पद के चुनाव में प्रतिभा पाटिल, भैरों सिंह शेखावत को लगभग तीन लाख मतों से हराकर राष्ट्रपति चुन ली गईं थी।

उपलब्धियाँ

प्रतिभा देवी सिंह पाटिल ने महिलाओं के कल्याण को प्रमुखता देते हुए मुम्बई, दिल्ली जैसे महानगरों में कामकाजी महिलाओं के लिए छात्रावास की स्थापना करवाई। ग्रामीण युवाओं के लाभ हेतु जलगांव में इंजीनियरिंग कॉलेज के

अलावा श्रम साधना न्यास की भी स्थापना की। इसके अलावा प्रतिभा देवी सिंह पाटिल की देख–रेख में महिला विकास म्हामण्डल, जल्गांव में दृष्टिहीन व्यक्तियों के लिए औद्योगिक प्रशिक्षण विद्यालय और विमुक्त जमातियों तथा बंजारा जनजातियों के निर्धन बच्चों के लिए एक स्कूल की स्थापना करवाई गई।

विवाद

प्रतिभा पाटिल के साथ सबसे पहला विवाद तब जुडा जब उन्होंने राजस्थान की एक सभा में कहा कि राजस्थान की महिलाओं को मुगलों से बचाने के लिए पर्दा प्रथा आरंभ हुई। इतिहासकारों ने कहा कि राष्ट्रपति पद के लिए दावेदार प्रतिभा का इतिहास ज्ञान शून्य है। जबकि मुस्लिम लीग जैसे दलों ने भी इस बयान का विरोध किया। समाजवादी पार्टी ने कहा कि प्रतिभा पाटिल मुस्लिम विरोधी विचारधारा रखती हैं। दूसरे विवाद में वह तब घिरीं जब उन्होंने एक धार्मिक संगठन की सभा में अपने गुरू की आत्मा के साथ कथित संवाद की बात कही। प्रतिभा के पति देवीसिंह शेखावत पर स्कूली शिक्षक को आत्महत्या करने के लिए मजबूर करने का आरोप है। उन पर हत्या के आरोप में फंसे अपने भाई को बचाने के लिए अपनी राजनीतिक पहुँच का पूरा–पूरा इस्तेमाल करने का भी आरोप है। चीनी मिल कर्ज में घोटाले, इंजीनियरिंग कालेज फंड में घपले और उनके परिवार पर भूखंड हड़पने जैसे संगीन आरोप भी प्रतिभा पाटिल से जुड़े हुए हैं।

74

सोनिया गाँधी
Sonia Gandhi

सोनिया गांधी

जीवन-परिचय

भारत की चंद ताकतवर महिलाओं की सूची में शुमार सोनिया गांधी का जन्म 9 दिसंबर, 1946 को इटली के छोटे से गाँव लुसियाना में हुआ था। इनका वास्तविक नाम एड्विग ऐंटोनिया एल्बिना माइनो है। सोनिया गाँधी के पिता स्टेफिनो भवन निर्माण ठेकेदार और पूर्व फासिस्ट सिपाही थे। सोनिया गाँधी का परिवार आज भी इटली के ओर्बसानो के निकट रहता है। एक साधारण से परिवार से संबंध रखने वाली सोनिया गाँधी के जीवन में सुनहरा पड़ाव तब आया जब वर्ष 1964 में वह अंग्रेज़ी की पढ़ाई करने के लिए कैंब्रिज गई थीं, जहाँ उनकी मुलाकात कांग्रेस उत्तराधिकारी राजीव गाँधी से हुई। राजीव गाँधी उस समय ट्रिनिटी कॉलेज में अध्ययन कर रहे थे और एल्बिना माइनो अपनी जरूरतें पूरी करने के लिए एक होटल में कार्य करती थीं। सन् 1968 में एल्बिना माइनो और राजीव गाँधी ने विवाह कर लिया। भारत आने और इन्दिरा गाँधी की बहू बनने के बाद एल्बिना माइनो का नाम बदलकर सोनिया गाँधी रखा गया।

व्यक्तित्व

इटली के एक बेहद मध्यम वर्गीय परिवार से संबंध होने के बावजूद आज

सोनिया गाँधी भारत की ताकतवर महिलाओं की फेहरिस्त में उत्कृष्ट स्थान रखती हैं। इसी से स्पष्ट हो जाता है कि सोनिया गाँधी बेहद प्रभावी और दृढ़ व्यक्तित्व वाली महिला हैं। पति राजीव गाँधी के निधन के बाद सोनिया गाँधी ने अकेले अपने बल पर राजनीति में एक अहम मुकाम पाया है। सोनिया गाँधी उस समय बिल्कुल अकेली पड़ गई थीं, जब उनके परिवार में उन्हें मार्गदर्शन देने वाला कोई नहीं था। इन्दिरा गाँधी और राजीव गाँधी की हत्या ने उन्हें अकेला कर दिया था ऐसे हालातों में भी उन्होंने अपना हौसला नहीं खोया। परिवार और अपने बच्चों की पूरी देखभाल की। यह लगातार 10 वर्षों से कांग्रेस के अध्यक्ष पद पर नियुक्त हैं, जो अपने आप में एक बहुत बड़ा रिकॉर्ड है।

राजनैतिक सफर

नेहरू परिवार से संबंध होने के बावजूद सोनिया और राजीव गाँधी ने खुद को पूर्णतः राजनीति से अलग रखा हुआ था। जहाँ राजीव गाँधी बतौर एयरलाइन पायलट के पद पर काम कर रहे थे, वहीं सोनिया गाँधी परिवार और बच्चों की देखभाल कर अपना समय व्यतीत करती थीं। वर्ष 1980 में संजय गाँधी के निधन के पश्चात जब राजीव गाँधी, इन्दिरा गाँधी को सहायता देने के लिए राजनीति में आ गए थे उस समय भी सोनिया गाँधी राजनीति से दूर रहीं। लेकिन जब इन्दिरा गाँधी की हत्या हुई तब राजीव गाँधी के प्रचार और उनकी सहायता करने के लिए सोनिया गाँधी को भी राजनीति में आना पड़ा। राजीव गाँधी को विजयी बनाने के लिए सोनिया गाँधी ने मेनका गाँधी के विरुद्ध उनके चुनावी प्रचार में सक्रिय भूमिका निभाई। 1991 में राजीव गाँधी की हत्या के पश्चात सोनिया गाँधी ने प्रधानमंत्री पद स्वीकरने से इंकार कर दिया। वह काफी समय तक राजनीति से दूर रहीं। उस समय पी.वी. नरसिंह राव के कमजोर नेतृत्व में कांग्रेस को आम चुनाव में हार का सामना करना पड़ा। इसके अलावा सीताराम केसरी को अध्यक्ष बनाए जाने पर भी कांग्रेस सदस्यों के बीच मनमुटाव पैदा हो गया। इन्हीं कुछ वजहों से कांग्रेस के नेताओं ने फिर से नेहरु–गाँधी परिवार के किसी सदस्य की आवश्यकता अनुभव की। उनके दबाव में सोनिया गाँधी ने 1997 में कोलकाता के प्लेनरी सेशन में कांग्रेस की प्राथमिक सदस्यता ग्रहण की और उसके 62 दिनों के अंदर 1998

में वो कांग्रेस की अध्यक्षा चुनी गयीं। सोनिया गाँधी बेल्लारी, कर्नाटक, अमेठी से चुनाव लड़ीं और विजयी भी हुईं। सुषमा स्वराज जैसी बीजेपी की अनुभवी नेता को भी उन्होंने दो बार हराया। सन् 1999 में तेरहवीं लोकसभा काल में नेता विपक्ष के रूप में चुनी गईं। 2003 में नेता विपक्ष की मजबूत भूमिका का निर्वाह करते हुए सोनिया गाँधी संसद में वाजपेयी सरकार के विरुद्ध अविश्वास प्रस्ताव भी लाईं। वामपंथी दलों ने भारतीय जनता पार्टी को सत्ता से बाहर रखने के लिये कांग्रेस और सहयोगी दलों की सरकार का समर्थन करने का फैसला किया जिससे कांग्रेस और उनके सहयोगी दलों का स्पष्ट बहुमत पूरा हुआ। 16 मई, 2004 को सोनिया गाँधी 16–दलीय गठबंधन की नेता चुनी गईं जो वामपंथी दलों के सहयोग से सरकार बनी और जिसकी प्रधानमंत्री सोनिया गाँधी बनतीं। सबको अपेक्षा थी कि सोनिया गाँधी ही प्रधानमंत्री बनेंगी और सबने उनका समर्थन किया। परंतु एनडीए के नेताओं ने सोनिया गाँधी के विदेशी मूल पर आक्षेप लगाए। ऐसा माना जाता है कि तत्कालीन राष्ट्रपति ए.पी.जे. अबुल कलाम ने भी उन्हें प्रधानमंत्री बनाने से मना किया था। ऐसे में सोनिया गाँधी ने मनमोहन सिंह को अपना उम्मीदवार बताया और पार्टी को उनका समर्थन करने का अनुरोध किया। कांग्रेस दल ने इसका खूब विरोध किया और उनसे इस फैसले को बदलने का अनुरोध किया पर उन्होंने कहा कि प्रधानमंत्री बनना उनका लक्ष्य कभी नहीं था। सब नेताओं ने मनमोहन सिंह का समर्थन किया और वे प्रधानमंत्री बने और सोनिया को दल का तथा यूपीए गठबंधन का अध्यक्ष चुना गया।

विवाद

राजनैतिक परिवार में विवाह होने के बाद भी सोनिया गाँधी बहुत लंबे समय तक राजनीति से दूर रहीं लेकिन फिर भी वह आक्षेपों से बच नहीं पाईं। राजीव गाँधी पर जब बोफोर्स तोपों की खरीद–फरोख्त में घोटाले का आरोप लगा तो उसमें क्वात्रोची नामक इटली के एक व्यवसायी की भूमिका भी संदेह के घेरे में आ गई। वह क्वात्रोची कोई और नहीं सोनिया गाँधी का बहुत अच्छा मित्र था। भारतीय मूल का ना होना हमेशा ही विरोधी पार्टियों को खटकता रहा है। यहाँ तक कि जब गठबंधन वाली सरकार के विजय होने के बाद उन्हें प्रधानमंत्री नियुक्त किए जाने की बात उठी तो सुषमा स्वराज और उमा भारती

ने यह घोषणा कर दी थी कि अगर वह प्रधानमंत्री बनाई गईं तो वह दोनों अपना सिर मुंडवा लेंगी और आजीवन जमीन पर ही सोएंगी। हाल ही में उनके विदेश दौरों पर खर्च की अत्याधिक राशि और इन दौरों की वजह भी संदेह का विषय बनी हुई है।

सन् 2004 में सोनिया गाँधी को फोर्ब्स पत्रिका ने विश्व की तीसरी सबसे ताकतवर महिला के पायदान पर रखा था। वहीं सन् 2010 में सोनिया गाँधी को इसी पत्रिका ने नौंवा स्थान दिया था। इसी वर्ष एक ब्रिटिश पत्रिका द स्टेट्समैन ने भी सबसे ताकतवर लोगों की अपनी सूची में सोनिया गाँधी को 29वां स्थान दिया था। सोनिया गाँधी ने राजनीति में सक्रिय भूमिका निभाते हुए दिवंगत पति राजीव गाँधी की याद में दो पुस्तकें भी लिखी हैं। इसके अलावा उन्होंने जवाहरलाल नेहरू और इन्दिरा गाँधी के बीच जिन पत्रों का आदान प्रदान हुआ उनमें से कुछ का संपादन भी किया है।

75

अरविंद केजरीवाल

Arbind Kejariwal

अरविंद केजरीवाल

अरविंद केजरीवाल (जन्म : 16 अगस्त, 1968) एक भारतीय सामाजिक कार्यकर्ता हैं और सरकार में अधिक पारदर्शिता लाने के लिए संघर्षरत हैं। उन्हें 2006 में उत्कृष्ट नेतृत्व के लिए रमन मैग्सेसे पुरस्कार से सम्मानित किया गया, क्योंकि उन्होंने भारत के सूचना अधिकार अर्थात सूचना कानून के आन्दोलन को जमीनी स्तर पर सक्रिय बनाया, और सरकार को जनता के प्रति जवाबदेह बनाकर गरीब नागरिकों को भ्रष्टाचार से लड़ने के लिए सशक्त बनाने हेतु सामाजिक आन्दोलन किया। हाल ही में दिल्ली की विधानसभा में आम आदमी पार्टी को 28 सीटें दिलाने में अहम भूमिका अदा की है। स्वयं ने दिल्ली की मुख्यमन्त्री शीला दीक्षित को नयी दिल्ली की सीट पर परास्त किया। वर्तमान में दिल्ली के मुख्यमन्त्री हैं। उन्होंने 28 दिसम्बर, 2013 को पदभार संभाला। उनकी पत्नी का नाम सुनीता केजरीवाल है और दो संतान हैं।

जीवन-परिचय

अरविंद केजरीवाल का जन्म 1968 में हरियाणा के हिसार शहर में हुआ, और उन्होंने 1989 में आई.आई.टी. खड़गपुर से यांत्रिक अभियांत्रिकी में स्नातक की उपाधि प्राप्त की। बाद में, 1992 में वे भारतीय नागरिक सेवा (आईसीएस) के

एक भाग, भारतीय राजस्व सेवा (आई.आर.एस) में आ गए, और उन्हें दिल्ली में आयकर आयुक्त कार्यालय में नियुक्त किया गया। शीघ्र ही, उन्होंने महसूस किया कि सरकार में बहुप्रचलित भ्रष्टाचार के कारण प्रक्रिया में पारदर्शिता की कमी है। अपनी अधिकारिक स्थिति पर रहते हुए ही उन्होंने, भ्रष्टाचार के खिलाफ जंग शुरू कर दी। प्रारंभ में, अरविंद ने आयकर कार्यालय में पारदर्शिता बढ़ाने के लिए कई परिवर्तन लाने में महत्वपूर्ण भूमिका निभाई।

जनवरी 2000 में, उन्होंने काम से विश्राम ले लिया और दिल्ली आधारित एक नागरिक आन्दोलन–परिवर्तन की स्थापना की, जो एक पारदर्शी और जवाबदेह प्रशासन को सुनिश्चित करने के लिए काम करता है। इसके बाद, फरवरी 2006 में, उन्होंने नौकरी से इस्तीफा दे दिया, और पूरे समय के लिए सिर्फ परिवर्तन में ही काम करने लगे। अरुणा रॉय और कई अन्य लोगों के साथ मिलकर, उन्होंने सूचना अधिकार अधिनियम के लिए अभियान शुरू किया, जो जल्दी ही एक मूक सामाजिक आन्दोलन बन गया, दिल्ली में सूचना अधिकार अधिनियम को 2001 में पारित किया गया, और अंत में राष्ट्रीय स्तर पर भारतीय संसद ने 2005 में सूचना अधिकार अधिनियम (आर. टी.आई) को पारित कर दिया।

इसके बाद, जुलाई 2006 में, उन्होंने पूरे भारत में आरटीआई के बारे में जागरूकता फैलाने के लिए एक अभियान शुरू किया. दूसरों को प्रेरित करने के लिए अरविन्द ने अब अपने संस्थान के माध्यम से एक आरटीआई पुरस्कार की शुरुआत की है. सूचना का अधिकार गरीब लोगों के लिए तो महत्वपूर्ण है ही, साथ ही आम जनता और पेशेवर लोगों के लिए भी यह उतना ही महत्वपूर्ण है। आज भी कई भारतीय सरकार के निर्वाचन की प्रक्रिया में निष्क्रिय दर्शक ही बने हुए हैं। अरविंद सूचना के अधिकार के माध्यम से प्रत्येक नागरिक को अपनी सरकार से प्रश्न पूछने की शक्ति देते हैं। अपने संगठन परिवर्तन के माध्यम से वे लोगों को प्रशासन में सक्रिय रूप से हिस्सा लेने के लिए प्रेरित करते हैं। आरटीआई को आम नागरिक के लिए एक शक्तिशाली उपकरण बनने में लम्बा समय लगेगा। हालांकि अरविन्द ने हमें दिखा दिया है कि वास्तव में इसके लिए एक सम्भव रास्ता है।

6 फरवरी 2007 को, अरविन्द को वर्ष 2006 के लिए लोक सेवा में

सीएनएन आईबीएन इन्डियन ऑफ द इयर के लिए नामित किया गया। अरविंद ने सूचना अधिकार अधिनियम को स्पष्ट करते हुए गूगल पर भाषण दिया।

राजनीति में पदार्पण

2 अक्टूबर 2012 को गाँधीजी और शास्त्रीजी के चित्रों से सजी पृष्ठभूमि वाले मंच से अरविंद केजरीवाल ने अपने राजनीतिक सफर की औपचारिक शुरुआत कर दी। उन्होंने बाकायदा गाँधी टोपी, जो अब अण्णा टोपी भी कहलाने लगी है, पहनी थी। वो शायद वही नारा लिखना पसंद करते जो पूरे अन्ना आंदोलन के दौरान टोपियों पर दिखाई देता रहा, मैं अन्ना हजारे हूँ। लेकिन उन्हें अन्ना के नाम और तस्वीर के इस्तेमाल की इजाजत नहीं है, इसलिए उन्होंने लिखवाया, मैं आम आदमी हूं। उन्होंने 2 अक्टूबर, 2012 को ही अपने भावी राजनीतिक दल का दृष्टिकोण पत्र भी जारी किया।

राजनीतिक दल बनाने की विधिवत घोषणा के साथ उन्होंने कांग्रेस नेता सोनिया गाँधी जो नेहरू परिवार की उत्तराधिकारी और संप्रग की मुखिया हैं, के दामाद रॉबर्ट वढेरा और भूमि–भवन विकासकर्ता कम्पनी डी.एल.एफ. के बीच हुए भ्रष्टाचार का खुलासा किया है और बाद में केन्द्रीय विधि मंत्री सलमान खुर्शीद और उनकी पत्नी लुई खुर्शीद के ट्रस्ट में हो रही धाधलियों के खिलाफ आन्दोलन छेड़ रखा है।

आम आदमी पार्टी का गठन

आम आदमी पार्टी के गठन की आधिकारिक घोषणा अरविंद केजरीवाल ने 26 नवम्बर, 2012 को की।

76

लाल बहादुर शास्त्री
Lal Bahadur Shastri

लालबहादुर शास्त्री

एक अत्यंत गरीब परिवार में जन्मा बालक भी अपने परिश्रम व सद्‌गुणों द्वारा विश्व इतिहास में कैसे अमर हो सकता है, इसका ज्वलंत उदाहरण थे भारत के द्वितीय प्रधानमंत्री लालबहादुर शास्त्री। पंडित नेहरू के शब्दों में, अत्यंत ईमानदार, दृढ़ संकल्प, शुद्ध आचरण और महान परिश्रमो, ऊँचे आदर्शों में पूरी आस्था रखने वाले, निरंतर सजग व्यक्तित्व का ही नाम है– लाल बहादुर शास्त्री। भारत की जनता के सच्चे प्रतिनिधि शास्त्रीजी के संपूर्ण जीवनकाल का यदि सर्वेक्षण किया जाए तो निश्चय ही वे मानवता की कसौटी पर खरे कंचन सिद्ध होंगे। लाल बहादुर शास्त्री का जन्म 2 अक्टूबर, 1904 को मुगल सराय में हुआ। उनकी छः संताने थी।

उत्तर प्रदेश के मुगलसराय में एक अत्यंत गरीब परिवार में शास्त्रीजी का जन्म हुआ। उनके पिता श्री शारदाप्रसाद अध्यापक थे। शास्त्रीजी जब डेढ़ वर्ष के थे, उनके पिता का देहावसान हो गया। ननिहाल में उनका लालन–पालन हुआ। उनकी आरंभिक शिक्षा वाराणसी में हुई।

17 वर्ष की अल्पायु में ही गाँधीजी की स्कूलों और कॉलेजों का बहिष्कार

करने की अपील पर वे पढ़ाई छोड़कर असहयोग आंदोलन से संलग्न हो गए। परिणामस्वरूप वे जेल भेज दिए गए। जेल से रिहा होने के पश्चात उन्होंने काशी विद्यापीठ में पढ़ाई आरंभ की। विद्यापीठ में उनके आचार्य स्व. डॉ. भगवानदास, आचार्य नरेंद्रदेव, बाबू संपूर्णानंदजी और श्री प्रकाशजी थे। उन्होंने प्रथम श्रेणी में परीक्षा उत्तीर्ण कर शास्त्री की उपाधि प्राप्त की।

शास्त्रीजी का समस्त जीवन देश की सेवा में ही बीता। देश के स्वतंत्रता संग्राम और नवभारत के निर्माण में शास्त्रीजी का महत्वपूर्ण योगदान रहा। स्वाधीनता आंदोलन के दौरान वे सात बार जेल गए। अपने जीवन में कुल मिलाकर 9 वर्ष उन्हें कारावास की यातनाएँ सहनी पड़ीं।

सन् 1926 में शास्त्रीजी ने लोक सेवा समाज की आजीवन सदस्यता ग्रहण की और इलाहाबाद को अपना कार्यक्षेत्र चुना। बाद में वे इलाहाबाद नगर पालिका, तदोपरांत इम्प्रुवमेंट ट्रस्ट के भी सदस्य रहे।

सन् 1947 में शास्त्रीजी उत्तर प्रदेश के गृह और परिवहन मंत्री बने। इसी पद पर कार्य करते समय शास्त्रीजी की प्रतिभा पहचान कर 1952 के पहले आम चुनाव में कांग्रेस पार्टी के चुनाव आंदोलन को संगठित करने का भार उन्हें सौंपा गया। चुनाव में कांग्रेस भारी बहुमतों से विजयी हुई, जिसका बहुत कुछ श्रेय शास्त्रीजी की संगठन कुशलता को दिया गया।

पंडित जवाहरलाल नेहरू जब अस्वस्थ रहने लगे तो उन्हें शास्त्रीजी की बहुत आवश्यकता महसूस हुई। जनवरी 1964 में वे पुनः सरकार में अविभागीय मंत्री के रूप में सम्मिलित किए गए। तत्पश्चात् पंडित नेहरू के निधन के बाद, चीन के हाथों युद्ध में पराजय की ग्लानि के समय 9 जून, 1964 को उन्हें प्रधानमंत्री का पद सौंपा गया। सन् 1965 के भारत–पाक युद्ध में उन्होंने विजयश्री का सेहरा पहना कर देश को ग्लानि और कलंक से मुक्त करा दिया।

काश्मीर की हजरत बल मस्जिद से हजरत मोहम्मद के पवित्र बाल उठाए जाने के मसले को, जिससे सांप्रदायिक अशांति फैलने की आशंका उत्पन्न हो गई थी, शास्त्रीजी ने जिस ढंग से सुलझाया वह सदा अविस्मरणीय रहेगा। देश में खाद्यान्न संकट उत्पन्न होने पर अमेरिका के प्रतिमाह अन्नदान

देने की पेशकश पर तो शास्त्रीजी तिलमिला उठे किंतु संयत वाणी में उन्होंने देश का आह्वान किया– पेट पर रस्सी बाँधो, साग–सब्जी ज्यादा खाओ, सप्ताह में एक शाम उपवास करो। हमें जीना है तो इज्जत से जिएँगे वरना भूखे मर जाएँगे। बेइज्जती की रोटी से इज्जत की मौत अच्छी रहेगी।

गरीबी में जन्में, पले और बढ़े शास्त्रीजी को बचपन में ही गरीबी की मार की भयंकरता का बोध हो गया था, फलतः उनकी स्वाभाविक सहानुभूति उन अभावग्रस्त लोगों के साथ रही जिन्हें जीवनयापन के लिए सतत संघर्ष करना पड़ता है। वे सदैव इस हेतु प्रयासरत रहे कि देश में कोई भूखा, नंगा और अशिक्षित न रहे तथा सबको विकास के समान साधन मिलें। शास्त्रीजी का विचार था कि देश की सुरक्षा, आत्मनिर्भरता तथा सुख–समृद्धि केवल सैनिकों व शस्त्रों पर ही आधारित नहीं बल्कि कृषक और श्रमिकों पर भी आधारित है। इसीलिए उन्होंने नारा दिया, जय जवान, जय किसान।

छोटे कद के विराट ह्रदय वाले शास्त्रीजी अपने अंतिम समय तक शांति की स्थापना के लिए प्रयत्नशील रहे। सन् 1965 के भारत–पाक युद्ध विराम के बाद उन्होंने कहा था कि हमने पूरी ताकत से लड़ाई लड़ी, अब हमें शांति के लिए पूरी ताकत लगानी है। शांति की स्थापना के लिए ही उन्होंने 10 जनवरी, 1966 को ताशकंद में पाकिस्तानी राष्ट्रपति अय्यूब खाँ के साथ ताशकंद समझौते पर हस्ताक्षर किए। भारत की जनता के लिए यह दुर्भाग्य ही रहा कि ताशकंद समझौते के बाद वह इस छोटे कद के महान पुरुष के नेतृत्व से हमेशा–हमेशा के लिए वंचित हो गई। 11 जनवरी, सन् 1966 को इस महान पुरुष का ताशकंद में ही ह्रदयगति रुक जाने से निधन हो गया। मरणोपरांत सन् 1966 में उन्हें भारत के सर्वोच्च अलंकरण भारत रत्न से विभूषित किया गया। राष्ट्र के विजयी प्रधानमंत्री होने के नाते उनकी समाधि का नाम भी विजय घाट रखा गया।

शास्त्रीजी को कभी किसी पद या सम्मान की लालसा नहीं रही। उनके राजनीतिक जीवन में अनेक ऐसे अवसर आए जब शास्त्रीजी ने इस बात का सबूत दिया। इसीलिए उनके बारे में अक्सर यह कहा जाता है कि वे अपना त्यागपत्र सदैव अपनी जेब में रखते थे। ऐसे निस्पृह व्यक्तित्व के धनी शास्त्रीजी भारत माता के सच्चे सपूत थे।

77

सुभाष चन्द्र बोस
Subhash Chandra Bose

सुभाष चन्द्र बोस

सुभाष चन्द्र बोस जो नेताजी नाम से भी जाने जाते हैं, भारत के स्वतंत्रता संग्राम के अग्रणी नेता थे। द्वितीय विश्वयुद्ध के दौरान, अंग्रेजों के खिलाफ लड़ने के लिये, उन्होंने जापान के सहयोग से आजाद हिन्द फौज का गठन किया था। उनके द्वारा दिया गया जय हिन्द का नारा, भारत का राष्ट्रीय नारा बन गया हैं।

अमेरिकी पत्रकार लुई फिशर से बात करते हुए, महात्मा गाँधी ने नेताजी को देशभक्तों का देशभक्त कहा था। नेताजी का योगदान और प्रभाव इतना बडा था कि कहा जाता हैं कि अगर उस समय नेताजी भारत में उपस्थित रहते, तो शायद भारत एक संघ राष्ट्र बना रहता और भारत का विभाजन न होता। स्वयं गाँधीजी ने इस बात को स्वीकार किया था।

जीवन-परिचय

नेताजी सुभाषचन्द्र बोस का जन्म 23 जनवरी, 1897 को उड़ीसा के कटक शहर में हुआ था। उनके पिता का नाम जानकीनाथ बोस और माँ का नाम प्रभावती था। जानकीनाथ बोस कटक शहर के मशहूर वकील थे। पहले वे सरकारी वकील थे, मगर बाद में उन्होंने निजी प्रैक्टिस शुरू कर दी थी।

उन्होंने कटक की महापालिका में लंबे समय तक काम किया था और वे बंगाल विधानसभा के सदस्य भी रहे थे। अंग्रेज़ सरकार ने उन्हें रायबहादुर का खिताब दिया था। प्रभावती देवी के पिता का नाम गंगानारायण दत्त था। दत्त परिवार को कोलकाता का एक कुलीन परिवार माना जाता था। प्रभावती और जानकीनाथ बोस की कुल मिलाकर 14 संतानें थी, जिसमें 6 बेटियाँ और 8 बेटे थे। सुभाषचंद्र उनकी नौवीं संतान और पाँचवें बेटे थे। अपने सभी भाइयों में से सुभाष को सबसे अधिक लगाव शरदचंद्र से था। शरदबाबू प्रभावती और जानकीनाथ के दूसरे बेटे थें। सुभाष उन्हें मेजदा कहते थें। शरदबाबू की पत्नी का नाम विभावती था।

स्वतंत्रता संग्राम में प्रवेश और कार्य

सुभाष बाबू का आह्वान था– तुम मुझे खून दो, मैं तुम्हें आजादी दूँगा। कोलकाता के स्वतंत्रता सेनानी, देशबंधु चित्तरंजन दास के कार्य से प्रेरित होकर, सुभाष दासबाबू के साथ काम करना चाहते थे। इंग्लैंड से उन्होंने दासबाबू को खत लिखकर, उनके साथ काम करने की इच्छा प्रकट की। रवींद्रनाथ ठाकुर की सलाह के अनुसार, भारत वापस आने पर वे सर्वप्रथम मुम्बई गये और महात्मा गाँधी से मिले। मुम्बई में गाँधीजी मणिभवन में निवास करते थे। वहाँ, 20 जुलाई, 1921 को महात्मा गाँधी और सुभाषचंद्र बोस के बीच पहली बार मुलाकात हुई। गाँधीजी ने भी उन्हें कोलकाता जाकर दासबाबू के साथ काम करने की सलाह दी। इसके बाद सुभाषबाबू कोलकाता आ गए और दासबाबू से मिले। दासबाबू उन्हें देखकर बहुत खुश हुए। उन दिनों गाँधीजी ने अंग्रेज सरकार के खिलाफ असहयोग आंदोलन चलाया था। दासबाबू इस आंदोलन का बंगाल में नेतृत्व कर रहे थे। उनके साथ सुभाषबाबू इस आंदोलन में सहभागी हो गए। 1922 में दासबाबू ने कांग्रेस के अंतर्गत स्वराज पार्टी की स्थापना की। विधानसभा के अंदर से अंग्रेज सरकार का विरोध करने के लिए, कोलकाता महापालिका का चुनाव स्वराज पार्टी ने लड़कर जीता। स्वयं दासबाबू कोलकाता के महापौर बन गए। उन्होंने सुभाषबाबू को महापालिका का प्रमुख कार्यकारी अधिकारी बनाया। सुभाषबाबू ने अपने कार्यकाल में कोलकाता महापालिका का पूरा ढाँचा और काम करने का तरीका ही बदल डाला। कोलकाता के रास्तों के अंग्रेज़ी नाम बदलकर,

उन्हें भारतीय नाम दिए गए। स्वतंत्रता संग्राम में प्राण न्यौछावर करने वालों के परिवार के सदस्यों को महापालिका में नौकरी मिलने लगी।

26 जनवरी, 1931 के दिन कोलकाता में राष्ट्रध्वज फैलाकर सुभाषबाबू एक विशाल मोर्चा का नेतृत्व कर रहे थे। तब पुलिस ने उन पर लाठी चलायी और उन्हे घायल कर दिया। जब सुभाषबाबू जेल में थे, तब गाँधीजी ने अंग्रेज सरकार से समझोता किया और सब कैदीयों को रिहा किया गया। लेकिन अंग्रेज सरकार ने सरदार भगत सिंह जैसे क्रांतिकारकों को रिहा करने से इन्कार कर दिया। भगत सिंह की फॉसी माफ कराने के लिए, गाँधीजी ने सरकार से बात की। सुभाषबाबू चाहते थे कि इस विषय पर गाँधीजी अंग्रेज सरकार के साथ किया गया समझोता तोड दे। लेकिन गाँधीजी अपनी ओर से दिया गया वचन तोडने को राजी नहीं थे। अंग्रेज सरकार अपने स्थान पर अडी रही और भगत सिंह और उनके साथियों को फॉसी दी गयी। भगत सिंह को न बचा पाने पर, सुभाषबाबू, गाँधीजी और कांग्रेस के तरिकों से बहुत नाराज हो गए। 1938 में गाँधी जी ने सुभाष बाबू को कांग्रेस का अध्यक्ष भी बनाया परन्तु गाँधी जी को उनकी कार्यशैली पसन्द नहीं आयी थी।

कारावास

अपने सार्वजनिक जीवन में सुभाषबाबू को कुल ग्यारह बार कारावास हुआ। सबसे पहले उन्हें 16 जुलाई 1921 में छह महीने का कारावास हुआ।

लापता होना और मृत्यु की खबर

द्वितीय विश्वयुद्ध में जापान की हार के बाद, नेताजी को नया रास्ता ढूँढना जरूरी था। उन्होने रूस से सहायता माँगने का निश्चय किया था। 18 अगस्त, 1945 को नेताजी हवाई जहाज से मांचुरिया की तरफ जा रहे थे। इस सफर के दौरान वे लापता हो गए। इस दिन के बाद वे कभी किसी को दिखाई नहीं दिये।

78

बल्लभ भाई पटेल

Balabh Bhai Patel

वल्लभ भाई पटेल

सरदार वल्लभ भाई पटेल (31 अक्तूबर, 1875 – 15 दिसंबर, 1950) भारत के स्वतन्त्रता संग्राम सेनानी एवं स्वतन्त्र भारत के प्रथम गृहमंत्री थे। सरदार पटेल बर्फ से ढंके एक ज्वालामुखी थे। वे नवीन भारत के निर्माता थे। राष्ट्रीय एकता के बेजोड़ शिल्पी थे। वास्तव में वे भारतीय जनमानस अर्थात किसान की आत्मा थे।

भारत के स्वतंत्रता संग्राम में उनका महत्वपूर्ण योगदान है। भारत की आजादी के बाद वे प्रथम गृहमंत्री और उपप्रधानमंत्री बने। उन्हें भारत का लौह पुरूष भी कहा जाता है।

जीवन-परिचय

पटेल का जन्म नडियाद, गुजरात में एक गुजराती लेवा पाटिल कृषक परिवार में हुआ था। वे झवेरभाई पटेल एवं लदबा की चौथी संतान थे। सोमभाई, नरसीभाई और विट्ठलभाई उनके अग्रज थे। उनकी शिक्षा मुख्यतः स्वाध्याय से ही हुई। लन्दन जाकर उन्होंने बैरिस्टर की पढाई की और वापस आकर अहमदाबाद में वकालत करने लगे। महात्मा गाँधी के विचारों से प्रेरित होकर उन्होने भारत के स्वतन्त्रता आन्दोलन में भाग लिया।

कांग्रेस के अन्दर

सरदार वल्लभ भाई पटेल देश के छोटे–छोटे रजवाड़ों और राजघरानों को एक कर भारत में सम्मिलित किया था। उन्होंने 600 रियासतों को भारतीय संघ में विलय कर दिया था सरदार पटेल 1920 के दशक में गाँधीजी के सत्याग्रह आन्दोलन के समय कांग्रेस में भर्ती हुए। 1937 तक उन्हे दो बार कांग्रेस के सभापति बनने का गौरव प्राप्त हुआ। वे पार्टी के अन्दर और जनता में बहुत लोकप्रिय थे। कांग्रेस के अन्दर उन्हें जवाहरलाल नेहरू का प्रतिद्वन्दी माना जाता था। भारत सरकार ने उन्हें भारत रत्न की उपाधि प्रदान की थी।

आजादी के बाद

यद्यपि अधिकांश प्रान्तीय कांग्रेस समितियाँ पटेल के पक्ष में थीं, गाँधीजी की इच्छा का आदर करते हुए पटेल जी ने प्रधानमंत्री पद की दौड़ से अपने को दूर रखा और इसके लिये नेहरू का समर्थन किया। उन्हे उपप्रधान मंत्री एवं गृह मंत्री का कार्य सौंपा गया। किन्तु इसके बाद भी नेहरू और पटेल के सम्बन्ध तनावपूर्ण ही रहे। इसके चलते कई अवसरों पर दोनों ने ही अपने पद का त्याग करने की धमकी दे दी थी। कहा जाता है पटेल कश्मीर को बिना शर्त भारत से जोड़ना चाहते थे परन्तु नेहरू जी ने हस्तक्षेप किया तथा कश्मीर को विशेष दर्जा दे दिया। यह आज अंतरराष्ट्रीय समस्या है।

79

मकबूल फिदा हुसैन

M.F. Hussain

मकबूल फिदा हुसैन

मकबूल फिदा हुसैन (जन्म सितम्बर 17, 1915, पंढरपुर), (मृत्यु जून 09, 2011, लंदन), एम. एफ. हुसैन के नाम से जाने जाते हैं जो एक भारतीय चित्रकार थे। एक कलाकार के तौर पर उन्हें सबसे पहले 1940 के दशक में ख्याति मिली। 1952 में उनकी पहली एकल प्रदर्शनी ज्युरिक में हुई। इसके बाद उनकी कलाकृतियों की अनेक प्रदर्शनियाँ यूरोप और अमेरिका में हुईं। 1966 में भारत सरकार ने उन्हें पद्मश्री से सम्मानित किया। उसके एक साल बाद उन्होंने अपनी पहली फिल्म बनायी। यह फिल्म बर्लिन उत्सव में दिखायी गयी और उसे गोल्डेन बियर से पुरस्कृत किया गया।

जीवन–परिचय

हुसैन बहुत छोटे थे जब उनकी माँ का देहांत हो गया। इसके बाद उनके पिता इंदौर चले गए जहाँ हुसैन की प्रारंभिक शिक्षा हुई। बीस साल की उम्र में हुसैन मुम्बई गये और उन्हें जे.जे. स्कूल ऑफ आर्ट्स में दाखिला मिल गया। शुरुआत में वे बहुत कम पैसों में सिनेमा के होर्डिन्ग बनाते थे। कम पैसे

मिलने की वजह से वे दूसरे काम भी करते थे जैसे खिलौने की फैक्टरी में, जहाँ उन्हें अच्छे पैसे मिलते थे। पहली बार उनकी पेंटिग दिखाये जाने के बाद उन्हें बहुत प्रसिद्धी मिली और विश्व के अत्यंत प्रतिभावान कलाकारों में उनकी गिनती होने लगी थी।

एम.एफ. हुसैन को पहली बार राष्ट्रीय स्तर पर पहचान 1940 के दशक के आखिर में मिली। वर्ष 1947 में वे प्रोग्रेसिव आर्टिस्ट ग्रुप में शामिल हुए। युवा पेंटर के रूप में एम. एफ. हुसैन बंगाल स्कूल ऑफ आर्ट्स की राष्ट्रवादी परंपरा को तोड़कर कुछ नया करना चाहते थे। वर्ष 1952 में उनकी पेंटिग्स की प्रदर्शनी ज्यूरिख में लगी। उसके बाद तो यूरोप और अमरीका में उनकी पेंटिग्स की जोर–शोर से चर्चा शुरू हो गई।

वर्ष 1971 में साओ पावलो समारोह में उन्हें पाबलो पिकासो के साथ विशेष निमंत्रण देकर बुलाया गया था। 1973 में उन्हें **पद्मभूषण** से सम्मानित किया गया तो वर्ष 1986 में उन्हें राज्यसभा में मनोनीत किया गया। भारत सरकार ने वर्ष 1991 में **पद्म विभूषण** से सम्मानित किया गया। 92 वर्ष की उम्र में उन्हें केरल सरकार ने **राजा रवि वर्मा** पुरस्कार दिया। क्रिस्टीज ऑक्शन में उनकी एक पेंटिंग 20 लाख अमरीकी डॉलर में बिकी। इसके साथ ही वे भारत के सबसे महंगे पेंटर बन गए थे। उनकी आत्मकथा पर एक फिल्म भी बन रही है।

हिन्दू देवी देवताओं के चित्रों पर आपत्ति

भारतीय देवी–देवताओं पर बनाई अपनी अश्लील पेंटिंग्स के विरोध की वजह से एम.एफ. हुसैन ने 2006 में स्वेच्छा से देश छोड़ दिया था और तभी से लंदन में रह रहे थे। अश्लील चित्र बनाने की वजह से उनकी काफी निंदा हुई। 2010 में कतर ने उनके सामने नागरिकता का प्रस्ताव रखा, जिसे उन्होंने स्वीकार कर लिया। 2008 में भारत माता पर बनाई पेंटिंग्स के खिलाफ दिल्ली हाईकोर्ट में चल रहे मुकदमें पर न्यायाधीश की एक टिप्पणी से उन्हें गहरा सदमा लगा कि, एक पेंटर को इस उम्र में घर में ही रहना चाहिए और उन्होंने इसके खिलाफ सर्वोच्च न्यायालय तक में अपील भी की। हालांकि इसे अस्वीकार कर दिया गया था।